目　次

はしがき　*i*

第1章　使役動詞 make が表わす意味　*1*

- Make は「強制的に（無理やり）〜させる」？　*1*
- 新たな疑問　*4*
- 強制使役の典型例とそれから少しずれるもの　*5*
- 自発使役の典型例　*9*
- 典型的強制使役でも典型的自発使役でもない例　*11*
- 使役動詞 make は何を表わすか？　*14*
- 結び　*15*

第2章　He made her more cautious. と He made her **be** more cautious. は同じ意味か？　*17*

- はじめに　*17*
- [人間 主語.Make.人間 目的語.Be.C] は言語的強制使役文　*18*
- [人間 主語.Make.人間 目的語.C] は 人間 主語 が意図的に人間 目的語 にもたらす魔術的状態変化を表わす　*21*
- [人間 主語.Make.人間 目的語.C] には、自発使役の解釈もある　*24*
- He made her more cautious. と He made her be more cautious. は同じ意味か？　*27*

第3章 Make 使役は「強制使役」の場合のみ受身になるのか？ *31*

- Make 使役の受身文 *31*
- 自発使役も受身になる *34*
- これまでの例で気がつくこと *40*
- 受身文の by 句は、「行為者」や「準行為者」、および「経験者」 *41*
- Make 使役受身文の by 句 *46*
- (6c, d)はなぜ不適格か？ *50*
- 適格な make 自発使役受身文は、主語指示物に生じる静的状態を表わす *51*
- (1b)の適格度の説明 *54*
- 「準行為者」の程度 *57*
- 結び *61*

コラム① トンビと凧 *63*

第4章 The man **made** him **die**. はなぜ不適格か？ *69*

- 『ジーニアス英和辞典』の記述 *69*
- O（目的語）が自分の意志でできない動詞も現われる *70*
- 母語話者の判断と指摘 *72*
- Make X die と kill X はどこが違う？ *74*
- 主語が〈人間〉の場合 *76*
- 結び *78*

第5章 Land the plane と make the plane land はどこが違うか?
―語彙的使役と迂言的使役の意味の違い― *81*

- Land the plane か、make the plane land か? *81*
- 語彙的使役と迂言的使役の具体例と意味の違い *82*
- さらなる例 *86*
- (1a, b)の違い *88*
- 日本語の語彙的使役動詞と迂言的「―させる」使役動詞 *90*
- 結び *93*

第6章 Persuade 使役構文 *97*

- Persuade someone to-VP(動詞句)構文 *97*
- 「含意」と「暗意」 *98*
- Persuade someone to-VP 構文に関するこれまでの説明 *101*
- Persuade someone to-VP は、本当に"someone(to-)VP"を含意するか? *104*
- Coax someone to VP と Coax someone into VPing *109*
- 結び *111*

コラム② I have a temperature. は間違いか? *113*

第7章 Let 使役文は本当に受身にならないか? *119*

- 使役動詞 let とその受身形 *119*
- Let は本当に受身にならないか? *124*
- 非意図的動詞のみ受身文になるのでは? *129*
- Let 使役受身文の適格性制約 *132*
- 主語が〈無生物〉の場合 *135*
- (12e) の be let rest に関して *137*
- さらなる let 使役受身文 *139*
- 結び *141*

コラム③ "Let it go" と "Let it be" *143*

第8章 Cause 使役文とその受身文(1)
― Cause 使役文は本当に意図的な使役を表わせないのか? ― *151*

- はじめに *151*
- Make 使役文は非意図的な使役も表わす *153*
- Cause 使役文は意図的な使役も表わす *155*
- Cause 使役文の意味―Make 使役文と比べながら *158*
- 強制使役の2つのタイプ *163*
- なぜ(3a)は不適格か? *167*
- 結び *168*

第9章 Cause 使役文とその受身文(2)
― Cause 使役文は本当に受身文にならないのか? ― *171*

- はじめに *171*
- Cause 使役受身文はどんな場合に用いるか *173*
- (1b),(2b)の不適格性の説明 *178*
- (3)-(5)の説明 *182*
- さらなる例の観察 *185*
- 結び *186*

付記・参考文献 *189*

[本文中の例文において、文頭に付されたマークが表わす意味]
- * 不適格文
- ?? かなり不自然な文
- ? やや不自然な文
- (?) やや不自然な文か適格文かの判断が揺れる文
- √ 無印と同様に適格文

使役動詞 make が表わす意味

● Make は「強制的に（無理やり）〜させる」？

　高校では、使役動詞 make が、他の使役動詞 get, have, let など と対比され、それぞれの違いが強調されて教えられるのが一般的 です。高校生用の英文法書を数冊参考にして、それぞれの意味や 用法をまとめると次のようになります。みなさんは、このように 習ったのではないでしょうか。

(1)

使役動詞	意味・用法
make	（相手を）強制して無理やり〜させる
get	（相手を）説得・苦労して〜させる
have	立場上、相手に指示・依頼して「〜させる／してもらう」のが当然な場合に用いる
let	（相手がしたいのを）許容・許可して〜させる

ここで、それぞれの例をあげておきましょう。

(2) a.　My mother always **makes** me do my homework before I go out.
　　　「母はいつも僕が遊びに行く前に宿題をさせる。」

b. I tried to **get** Teresa to come out tonight, but she was too busy.（*Longman Advanced American Dictionary*）
「私はテレサを今晩何とかしてやって来るようにさせようとしたが、彼女は忙しくて出てこられなかった。」

c. Student: I need Professor Smith's signature on this application.
「この申請書にスミス教授のサインをお願いしたいのですが。」

Secretary: All right. I'll **have** him sign it and give it back to you tomorrow morning.
「分かりました。先生にサインをしてもらい、明日の朝お返しします。」

d. I want to go to Europe this summer, but my parents won't **let** me go.（*Longman Advanced American Dictionary*）
「この夏、ヨーロッパに行きたいのですが、両親が行かせてくれません。」

(2a)では、母親が嫌がる子供に宿題を強制的にさせています。(2b)は、tried とともに用いられていることからも分かるように、話し手がテレサに今晩来るよう説得したが、無理だったことを述

べています。また (2c) では、秘書が先生に申請書のサインを依頼できる立場にあります。さらに (2d) は、話し手がヨーロッパに行くことを望んでいるものの、両親がそれを許可してくれないと述べています。

　高校で、使役動詞の make が、「強制的に（無理やり）〜させる」という意味であると強調して教えられる結果だと思われますが、以前、大学へ入学したばかりの新入生からこんな質問を受けました。「私は両親の影響で、カーペンターズの歌が好きなんですが、"Yesterday Once More" の中に、♪It **made** me smile ♫ や ♫It can really **make** me cry ♩ という歌詞があります。ここでの It は、ラジオから流れてくる曲を指しているのですが、この場合も make は強制の意味なんでしょうか？そうだとしたら、何か変な感じがするんですが。」——いい質問ですね。歌や映画、小説など、実際に使われている英語に関心を持ち、それらを学校で習う英語と比べてみるのは、英語上達の秘訣のひとつです。

　さて、この It **made** me smile. や It can really **make** me cry. の make は、もちろん、「強制して無理やり〜させる」という意味ではありません。その曲を聴くと、楽しい気分になったり、本当に涙が出てくることもあるという、「自然にそうなる」という「自発」の意味を表わしています【付記1】参照）。次のよく知られていることわざには make が用いられていますが、この make も、強制使役解釈の (2a) とは違って、「自発」の意味を表わしています。

(3)　a.　Absence **makes** the heart grow fonder.（ことわざ）
　　　　「離れていると愛情がかえって増すものだ。」
　　b.　Love **makes** the world go round.（ことわざ）
　　　　「愛は世界を動かす（この世を動かしているのは愛である）。」

(3a, b) では、主語も目的語も人間ではなく無生物なので、make は、「〈人が〉（相手を）強制して無理やり～させる」という意味でないことは明らかです。

したがって、使役動詞の make は、「強制して無理やり～させる」という意味を表わすだけでなく、「ある事柄が原因となって、別の事柄が自発的に（自然に）生じる」という意味も表わします。そして、前者は「強制使役」、後者は「自発使役」と呼ばれています。

● 新たな疑問

しかし、強制使役の「強制して無理やり～させる」という概念と、自発使役の「ある事柄が原因となって、別の事柄が自然に生じる」という概念は、考えてみると相反する、いわば逆の概念です。それにもかかわらず、同一の使役動詞 make が、どうしてこのような対極的な2つの意味を表わすことができるのでしょうか。

さらに次の make 使役文を見てみましょう。

(4) a. John **made** Sue trip by sticking his leg out into the aisle.
「ジョンは、自分の足を通路に突き出して、スーをつまずかせた。」
b. Tom hid his little sister's doll and **made** her cry.
（ある高校生用英文法書より）
「トムは妹の人形を隠して、彼女を泣かせた。」

(4a) は、ジョンが通路にわざと足を出して、スーをつまずかせたのか、そのような意図はなく、たまたま足を出したことが原因

となり、スーがつまずいたのか、区別がつきません。そして実際、(4a) にはこの 2 つの解釈が可能です（【付記 2】参照）。また (4b) に関して、高校生用英文法書はこの文を強制使役の例としてあげていますが、トムは意図的に妹を泣かそうとしたのでしょうか。トムがしたことは、あくまでも妹の人形を隠したことであって、それが原因で妹が泣いてしまったと考えることもできます。あとで詳しく考察しますが、実は、(4a) や (4b) が表わす使役は、(2a) のような典型的な強制使役や (3a, b) のような典型的な自発使役とは、いくつかの重要な点で異なっています。(4a, b) のような例を見ると、make 使役文が強制使役と自発使役のどちらかに明確に区別できるものばかりではないのではないかという疑問がわいてきます。

　以上のように、make 使役文に関して、

(i) どうしてひとつの動詞 make が、「強制」と「自発」という 2 つの相反する概念を表わすことができるのか
(ii) make 使役文には、強制か自発か明瞭でない場合もあるのではないか

という疑問が生じます。本章ではこのような疑問に答え、make が表わす意味について考えてみたいと思います。

● 強制使役の典型例とそれから少しずれるもの

まず、強制使役の典型的な例から見てみましょう。

(5) a. My father would not have **made** her marry against her will. （実例）

「父は、彼女の意に反して結婚させるなんてことはしなかっただろう。」

b. As the end of the term neared, his mother tried hard to **make** him study for his final exams, but to no avail.
「学期の終わりが近づくにつれて、彼の母親は、彼に期末試験の勉強をさせようとやっきになったが、その甲斐もなかった。」

c. She got mad at me because I **made** her do the dishes before I let her play.
「遊ぶのを許してあげる前に、私が彼女に皿洗いをさせたことで、彼女は私に腹を立てた。」

d. You can't **make** someone stop smoking. They have to want to do it.（【付記３】参照）(*Longman Advanced American Dictionary*)
「人がタバコを吸うのをやめさせることなんてできません。自分でやめたいと思わなければやめられません。」

これらの make 使役文では、被使役主（目的語の her や him, someone）が行なうことに抵抗がある行為を、使役主（主語の my father, his mother, I, you）が被使役主にそれをするよう言ったり、命令したりして、強制的にそれをさせることを表わしています。このような make 使役文は、強制使役の典型的な例で、この点を次のように規定しておきましょう。

(6)　**典型的な強制使役**：使役主の〈人間〉が、被使役主の〈人間〉にその人が行なうのに抵抗がある事象を、言葉で命令や強要をして、強制的に行なわせる用法

(5a-d) の典型的な強制使役では、被使役主がそれぞれの「被使役事象」(「被使役主＋動詞句」が表わす事象。以下では、簡略的に「使役内容」とします）を行なうのに（大きな）抵抗があり、そのために使役主の強制の度合い（「無理やりに」行なわせる度合い）も高いわけですが、逆に、被使役主の抵抗が少なくなればなるほど、使役主の強制の度合いも低くなります。たとえば、次の make 使役文を見てみましょう。

(7) a. The school **made** all the students get chest X-rays.
「学校は、生徒たち全員に胸のレントゲン写真を撮らせた。」
b. Every school day morning, Mary **made** her children leave home in time for school **without their making too much fuss about it**.
「学校のある日は毎朝、メアリーは子供たちに学校に遅刻しないよう登校させ、子供たちもそのことであまり騒ぎ立てることはなかった。」

生徒は、学校で胸のレントゲンを撮るのが慣例なので、(7a) で生徒がそれに対してそれほど大きな抵抗があるとは考えられません（【付記4参照】）。また (7b) では、文脈から子供たちが学校へ行くのをそれほど嫌がっている様子ではないことが分かります。したがって (7a, b) では、使役主（学校やメアリー）の被使役主（生徒や子供たち）に対する強制の度合いは、(5a-d) のような典型的な強制使役の場合より低いと言えます。つまり「強制使役」は、典型的なものから非典型的なものまで程度の違いがあり、一様でないことが分かります。

　強制使役は、被使役主が使役内容を行なう際の抵抗の強さに違

いがあるものの、被使役主に何らかの抵抗があり、それゆえに使役主が被使役主にその事象をさせようと強制するということにここで注意しておきましょう。この点は、次の文が若干不自然であることから裏づけられます。

(8) ? Every school day morning, Mary **made** her children leave home in time for school, **which they did willingly**.

(8) の最初の文では make が使われているため、登校するのに多少なりとも抵抗がある子供たちを、メアリーが学校に行かせたことが分かります。それにもかかわらず、第2文では、「子供たちは喜んでそうした」と述べているため、矛盾が生じてしまい、不自然な文となります。

さて、次に使役主が〈無生物〉の場合を考えてみましょう。典型的な強制使役は、上で述べたように、使役主が〈人間〉で、その〈人間〉が、嫌がる被使役主に使役内容を行なうよう言葉で強制しますが、強制使役には次のように、使役主が〈無生物〉で、その〈無生物〉が強制的に使役内容を引き起こす場合もあります。

(9) a. This scandal **made** him resign from Congress.
「このスキャンダルが、彼に議員を辞職することを余儀なくさせた。」
 b. If anything in his past hasn't **made** him stop drinking, then nothing will.（実例）
「もし過去におけるどんな出来事も彼に飲酒をやめさせられなかったのなら、未来におけるどのような出来事もやめさせられないだろう。」
 c. Hitting rock bottom and losing his marriage **made** him stop

drinking and be a better dad.（実例）
「どん底に落ち込み結婚生活を失ったことが、彼に飲酒をやめさせ、彼をよりよい父親にした。」

(9a) では、彼は議員を辞職することに抵抗がありますが、〈無生物〉の使役主「このスキャンダル」により、辞職が強制的に引き起こされています。同様に (9b, c) でも、彼は禁酒に抵抗がありますが、禁酒が〈無生物〉の使役主によって強制的に引き起こされたり、そうされなかったりすることが述べられています。したがって、(9a-c) のような例は、使役主が〈人間〉の典型的な強制使役とは異なり、非典型的な強制使役ということになります。つまり、強制使役は一律ではなく、様々な場合があるということになります。

● 自発使役の典型例

次に、自発使役の典型的な例を考えてみましょう。自発使役は、本章の最初の節で見たように、「ある事柄が原因となって、別の事柄が自発的に（自然に）生じる」というものです。つまり、次のように、使役主が〈無生物〉のため、被使役主に対する強制的働きかけがなく、使役内容が、被使役主の意図とは無関係に、自然に起こる事象（= 被使役主が自らはコントロールできない事象）です（(3a, b) も同様です）。

(10) a.　You just sit down here and have a nice cup of coffee. It'll **make** you feel better.
　　　　「まあここに座って美味しいコーヒーでも飲みなさい。気分がよくなりますよ。」

b. I don't like this dress, Mom. It **makes** me look fat.
「お母さん、私このドレス嫌い。太って見えるんだもの。」

c. The disease **made** her lose a lot of weight.
「その病気で彼女は大分体重が減った。」

d. All that sick time off work **made** me lose my job.
「病気で仕事をずっと休んでいたため、失職してしまった。」

e. Dirt in the gas **made** the car stop.
「ガソリンのゴミ、汚れのせいで、車が止まってしまった。」

(10a-e)の主語の使役主は、いずれも意図を持たない無生物ですが、主語が人間でも、その人の言葉や行動が原因となって、使役内容が自然に起こる次のような例は、いずれも自発使役の典型例と言えるでしょう。

(11) a. He **makes** us all smile with his loving and gentle personality.（実例）
「彼は、愛情に満ちた優しい性格で、私たちみんなを微笑ませてくれる。」

b. You're **making** my mouth water.（『ジーニアス英和辞典』）
「君の話を聞いているとよだれが出てくるよ。」

c. She **makes** us feel comfortable and equal. Also she is a very good instructor.（実例）
「彼女は私たちをくつろがせ、対等に感じさせる。そしてまた、彼女はとても良い教師だ。」

d. Maybe I have inadvertently **made** someone feel uncomfortable or vulnerable without even realizing it.（実例）
「多分私は気づきさえしないで、うっかりと誰かを不愉快にしたり、傷つけたりしたことでしょう。」

これらの例では、主語の使役主が He, You, She, I で、すべて人間ですが、たとえば (11a) は、彼が話し手たちに「みんな笑顔になれ」と言葉で働きかけたわけではありません。この文の主語は、動作主としての人間を指すのではなく、彼の持っている雰囲気や自然な行動を指しています。そしてそれが原因で、話し手たちが微笑むという、自らはコントロールできない事象を生じさせています。(11b-d) でも同様のことが言えます。

以上から、典型的な自発使役を次のように規定しておきましょう。

(12) **典型的な自発使役**：使役主の〈無生物〉、および〈人間〉（の状態や言動）が原因で、被使役主の〈人間・無生物〉がコントロールできない非意図的事象が自然に起こる用法

● **典型的強制使役でも典型的自発使役でもない例**

それでは、次の make 使役文は、強制使役でしょうか、それとも自発使役でしょうか。

(13) a. What **made** you come here today?
「何が原因で今日ここに来ることになりましたか。」
b. The online shopping revolution has **made** us take a long

hard look at the way we do business.（NHK ラジオテキスト『実践ビジネス英語』9月号（2013）p. 48）
「オンラインショッピング革命によって、当社のビジネスのやり方をじっくり検討するようになりました。」

(13a, b) の主語の使役主は〈無生物〉で、その〈無生物〉である事柄や出来事、オンラインショッピング革命が原因で、聞き手がここに来たり、話し手たちがビジネスのやり方をじっくり検討するようになったと解釈して、(13a, b) は自発使役だと思われる方もいるかもしれません。しかし、そのような行為、動作は、自らコントロールできるものです。そして、そのような行為、動作は、人々が意図的に行なったもので、自然に起こったわけではありません。したがって、これらの例は、典型的な自発使役（(12) 参照）とは大きく異なります。

それでは、(13a, b) は強制使役でしょうか。しかし、(13a, b) の主語の使役主は〈無生物〉なので、被使役主に対して言葉で使役内容を行なわせようと働きかけることはできません。その上、聞き手がここに来るのを嫌がっていたり、話し手たちがビジネスのやり方を検討するのを嫌がっていたわけでもありません（この点で (13a, b) は、非典型的な強制使役である (9a-c) とも違っています）。したがって、これらの例は、典型的な強制使役（(6) 参照）とも大きく異なります。よって (13a, b) は、典型的な強制使役でも、典型的な自発使役でもないということになります。

さらに本章冒頭で触れた (4a, b)（以下に再録）を見てみましょう。

(4) a. John **made** Sue trip by sticking his leg out into the aisle.
　　b. Tom hid his little sister's doll and **made** her cry.

(4a, b) をまず、使役主のジョンやトムが、被使役主のスーや妹を意図的につまずかせようとし、意図的に泣かせようとした、という解釈で考えてみましょう。この解釈では、(4a, b) は強制使役だと思われるかもしれませんが、(4a) でジョンはスーにつまずくよう言葉で命令したわけではありません。また、人がつまずくという事象は、人が勉強したり、皿洗いをするというような、自ら制御できる事象とは違い ((5b, c) 参照)、その人自らは制御できません。(4b) についても同様で、トムは妹に泣けと命令したわけではなく、また、「作り泣き」でない限り、泣くという事象は、妹が自らは制御できません。したがって (4a, b) は、典型的な強制使役ではありません。

それでは (4a, b) を、使役主のジョンやトムが、被使役主のスーや妹をつまずかせたり、泣かせたりするつもりはなく、たまたま通路に足を突き出したり、人形を隠したことで、スーが転んだり、妹が泣いたという解釈で考えてみましょう。この解釈では、(4a, b) は自発使役だと思われるかもしれません。しかし、典型的な自発使役では、使役主は多くの場合、〈無生物〉です。もちろん、(11a-d) のように、使役主が〈人間〉の場合もありますが、典型的な自発使役では、その人間が使役内容を引き起こそうと意図的に行動するのではなく、その人の行動や言葉が原因となって、使役内容が<u>自然に</u>起こります。これに対して (4a, b) では、使役主は〈人間〉で、(11a-d) の場合と同じですが、その使役主が足を通路に突き出したり、人形を隠すことで、意図しなかった使役内容が一方的に、<u>強制的に</u>引き起こされています (非典型的な強制使役の (9a-c) を参照)。したがって (4a, b) は、典型的な自発使役ともかけ離れています。よってこれらの文も、典型的な強制使役でも、典型的な自発使役でもない使役文ということになります。

● 使役動詞 make は何を表わすか？

　ひとつの使役動詞 make が、どうして「強制」と「自発」という2つの相反する概念を表わすことができるのでしょうか。そしてどうして、「強制」と「自発」は一様ではなく、典型的なものだけでなく、それから少しずれるものや、そのどちらとも言えないものがあるのでしょうか（【付記5】参照）。

　実は、これらの疑問は、make を多義的と捉えるのではなく、次のひとつの意味だけを表わすと考えると解決されます。当該の文が強制の解釈になるか、自発の解釈になるか、あるいは両者のどちらでもないものとなるかなどは、すべて私たちの社会常識に照らして判断され、語用論的に決定されるのです。つまり、強制や自発という意味は、make の持っている意味ではなく、私たちが文脈から判断しているにすぎないのです。

(14)　**使役動詞 make が表わす意味**：使役主が使役内容を一方的、必然的に作り出す。

Make の最も基本的な意味は「作る」ですから、(14) の使役動詞 make が表わす意味は、考えてみれば当然のことと言えるでしょう。

　上記の点をもう少し詳しく説明するために、(5a)、(10c)、(4a)（以下に再録）を再度見てみましょう。

(15) a.　My father would not have **made** her marry against her will. (=5a)

　　 b.　The disease **made** her lose a lot of weight. (=10c)

　　 c.　John **made** Sue trip by sticking his leg out into the aisle. (=4a)

(15a) は、(14) を踏まえて考えると、「父は、彼女が結婚することを彼女の意に反して一方的に作り出すなんてことはしなかっただろう」という意味になります。そのような状況を作り出すには、父は当然、彼女に結婚するよう言葉で働きかけることになるでしょうから、「強制」の意味が生じます。次に (15b) は、「彼女の病気が体重の大きな減少を一方的、必然的に作り出した」という意味で、ここでは当然、病気が無生物なので、それが原因で、彼女が減量をしようとは思わないのに、体重の減少が自然に起こったという、「自発」の意味が生じます。そして (15c) は、「ジョンが通路に足を突き出したことが、一方的、必然的にスーがつまずくという事象を作り出した」という意味で、make 自体は、強制使役か、自発使役かなどに関しては、あずかり知らぬところです。

以上のように考えれば、本章で観察した他の例文に関しても同様のことが言えます。つまり、使役動詞の make 自体は、(14) の意味のみを表わし、強制や自発という意味は、文中の他の要素や私たちの社会常識から得られる意味だということです。そしてこのように考えることによって、本章で提示した疑問は解決されることになります。

● 結び

本章では、make 使役文で観察される強制や自発の意味は、make 自体が表わす意味ではなく、主語や目的語の使役主や被使役主が〈人間〉であるか〈無生物〉であるか、使役主と被使役主が使役内容に対してどのような関係にあるかなどをもとに、私たちが社会常識から語用論的に判断しているものであることを述べ

ました。そして make 自身は、次の意味のみを表わすことを主張しました（(14) 参照）。

(16)

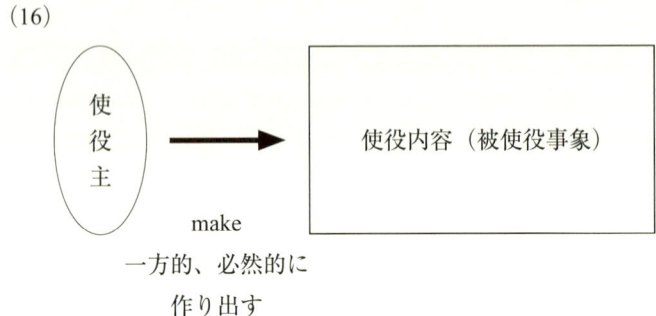

そしてこのように考えることで、make 使役文が、強制と自発という相反する2つの概念を表わしたり、あるいは、そのどちらとも言えないような場合も表わしたりするという、一見不思議な振る舞いが説明できることを示しました。

He made her more cautious. と He made her **be** more cautious. は同じ意味か？（【付記1】参照）

第2章

● はじめに

みなさんがよくご存知のように、make には、[SVOC]（主語・動詞・目的語・補語）の用法があります。『ジーニアス英和辞典』（第4版 2006）のこの項目を見てみましょう。同辞典からの例文引用は、名詞、形容詞、過去分詞についてひとつずつとします。

> (1) make [SVOC] <人・物・事が> O <人・物・事> をCにする《◆作為動詞；Cは名詞・形容詞・過去分詞》| The news made them happy. 知らせを聞いて彼らは喜んだ / Try to ~ your work a pleasure. 仕事を喜びとするようにしなさい / I couldn't ~ myself understood in English. 私の英語は通じなかった

上記の説明の中で、「作為動詞」というのは、make, elect, appoint などのように、O（目的語）をC（補語）にする行為を表わす動詞のことです。

この章のタイトルの最初の英文 He made her more cautious. は、make の [SVOC] のCが形容詞の用例です。文の意味は、『ジーニアス英和辞典』の訳語「<人・物・事が> O <人・物・事> をCにする」に従えば、「彼は彼女をより注意深くした」になります。この章のタイトルの2番目の英文 He made her **be** more cautious. は make 使役文ですから、この文も日本語にすれば、「彼は彼女をよ

り注意深くした」です。それでは、この2つの英文は、同じ意味なのでしょうか。本章では、Cが形容詞句の場合に焦点をしぼって、この問題をいろいろな角度から考察してみたいと思います。この2つの英文パターンに次の名前をつけて、参照しやすいようにします。

(2) a. ［人間.Make. 人間.C］：
 主語　　　目的語
√He made her more cautious.
b. ［人間.Make. 人間.Be.C］：
 主語　　　目的語
√He made her **be** more cautious.

● ［人間 主語.Make. 人間 目的語.Be.C］は言語的強制使役文

［人間 主語.Make. 人間 目的語.Be.C］のBe.Cは動詞句を構成します。したがって、前節で考察した例文(2b)(=He made her **be** more cautious.)は、「人間 主語.Make. 人間 目的語.動詞句」パターンを構成します。このパターンは、典型的強制使役、すなわち、「被使役主が制御できる事象の言語的（＝命令や説得など、口頭による）強制使役」文パターンであるということができます。（このパターンの文が John makes us all smile with his gentle and loving personality. のような典型的自発使役文解釈を許すこともありますが、その解釈が［人間 主語.Make. 人間 目的語.Be.C］パターン文にあるか否かについては、あとで考察します。） 動詞句は、被使役主が制御できる事象ですから、Cは +self-controllable （＝自己制御可能）でなければなりません。次の2つの文を見てください。

(3) a. * He made her **be** beautiful.

b. √He made her **be** quiet.

不適格文（3a）の C = beautiful は、それが命令文に現われ得ないことから明らかなように、−self-controllable （= 自己制御不可能）です（つまり、人は美しくなろうと思っても、自分でそうすることはできません）。(3a) が不適格なのは、+self-controllable であるべき C に、−self-controllable の形容詞が現われているからです。

(4)　＊Be beautiful.

　他方、適格文（3b）の C = quiet は、それが命令文に現われることから明らかなように、+self-controllable です（つまり、人は静かにしようと思えば、自分でそうすることができます）。

(5)　√Be quiet.

(3b) が適格文であるのは、+self-controllable であるべき C に、+self-controllable の形容詞が現われているからです。
　下に (3a) の不適格文、(3b) の適格文と同種の文をいくつかあげておきましょう。

(6)　C = −self-controllable （自己制御不可能）
　　a. ＊He made her be bright　　cf. ＊Be bright.
　　b. ＊He made her be happy.　　cf. ＊Be happy.
　　　　　　　　　　　　　　　　　　　【付記２】参照）
　　c. ＊He made her be unhappy.　cf. ＊Be unhappy.
　　d. ＊He made her be tall.　　　cf. ＊Be tall.

e. *He made her be old.　　　cf. *Be old.

   f. *He made her be lonely.　　cf. *Be lonely.

(7)　C ＝ +self-controllable （自己制御可能）

   a. √He made her be more careful.　cf. √Be more careful.

   （【付記３】参照）

   b. √He made her be more patient.

   　　　　　　　　　　cf. √Be more patient.

   c. √She made him be proud of himself.

   　　　　　　　　　　cf. √Be proud of yourself.

   d. √She made him be more serious.

   　　　　　　　　　　cf. √Be more serious.

   e. √She made him be bold and strong.

   　　　　　　　　　　cf. √Be bold and strong.

   f. √My mother married my stepfather when I was 5 and she made him be nice to us.

   　　　　　　　　　　cf. √Be nice to my children.

● [人間 主語 .Make. 人間 目的語 .C] は 人間 主語 が意図的に人間 目的語 にもたらす魔術的状態変化を表わす

　(3a) と (6) で、-self-controllable の形容詞は、[人間 主語 .Make. 人間 目的語 .Be.C] の C の位置に現われ得ないことを示しました。これと対照的に、[人間 主語 .Make. 人間 目的語 .C] には、-self-controllable の形容詞句が C の位置に現われます。たとえば、(8b) を見てください。

(8)　a. *He made her **be** beautiful. (=3a)
　　 b. √He made her beautiful.

　(8b) は、[人間 主語 .Make. 人間 目的語 .C] パターンの代表的例文です。女性は、望んでも自分で美しくなることはできません。また、普通の人間は、望んでも、女性を美しくしたりすることはできません。しかし、ほとんどすべてのネイティヴスピーカーが、この文を適格文と判断します。これらのスピーカーは、次の (9a, b) のような文を頭に浮かべて、この文を適格文と判断しているものと考えられます。

(9)　a. √God made her beautiful.
　　 b. √A plastic surgeon made her beautiful.
　　 c. √With a word of a charm, I made the Princess invisible to all but Guleech and ourselves. (実例)
　　　「おまじないの一言で、私はプリンセスを、Guleech と私たち以外には見えなくした。」

神様は意図的に女性を美しくすることができます。整形外科医も

それができます。そういう行為の結果、女性は、恒常的に美しくなります。同様に、魔法使いは、おまじないをとなえて、人や物を見えなくすることができます。そうすると、［人間 主語.Make. 人間 目的語.C］は、極端な場合、人間 主語 が人間 目的語 に意図的、強制的、魔術的にもたらす、人間 目的語 が自己制御できない恒常的状態変化を表わすパターンということになります。この解釈を略して、「魔術的状態変化誘起」解釈と呼ぶことにします。この解釈は前節で考察した「人間 主語.Make. 人間 目的語. 動詞句(Be.C)」パターンの make 使役構文には見られなかった解釈です。

　［人間 主語.Make. 人間 目的語.C］パターンが「魔術的状態変化誘起」を表わすのなら、それは、どんな状態変化でも表わせるはずですが、興味深いことに、このパターンは、人間 目的語 に対する口頭の説得、強要による状態変化を表わすことができません。次の文を見てください。

(10) a. √He made her **be** quiet / more careful /more cooperative.
　　　　　　　　　　　　　　　　　　　　　　　（言語的強制使役）
　　b. * He made her quiet / more careful / more cooperative.
　　　　　　　　　　　　　　　　　　　　（強制使役文として不適格）

我々のネイティヴスピーカー・コンサルタントたちは、(10b) は、「彼は意図的・強制的に彼女を静かに / もっと注意深く / もっと協力的にした」という解釈の文として不適格だと言います。(10b) の C は +self-controllable ですから、魔術的状態変化誘起解釈の［人間 主語 Make. 人間 目的語.C］の C は、−self-controllable でなければならない、ということになります（【付記 4】参照）。

　次に、魔術的状態変化誘起の［人間 主語.Make. 人間 目的語.C］の例文をさらにいくつかあげておきます。

(11) a. He couldn't read and God made him literate. （実例）
「彼は読むことができなかった。そして神様が彼を読み書きができるようにした。」

b. I made him bright. You made him miserable. I made him merry. You made him grumpy. （実例）
「私は彼を聡明にした。あなたは彼をみじめにした。私は彼を陽気にした。あなたは彼を不機嫌にした。」
（【付記5】参照）

c. She [the judge] made him eligible for immediate work release when he reports to prison on October 19. （実例）
「彼女（判事）は、彼が10月19日に刑務所に出頭するとき、彼がただちに所外通勤プログラム（労働釈放）の資格があるようにした。」
[work release とは、受刑者を毎日フルタイムの労働に出勤させる更生制度のこと]

d. The King made his illegitimate son equal to his other children.
「国王は彼の嫡出でない息子を彼の他の子供たちと同格にした。」

e. But the justices ruled that Mr. Gibson made himself liable for defamation by faxing his complaint to the reporter. （実例）
「しかし判事たちは、ギブソン氏が彼の不平をレポーターにファックスすることによって自己に名誉棄損の法的責任をもたらした、と裁定した。」

● [人間 主語 .Make. 人間 目的語 .C] には、自発使役の解釈もある

　第1章で、make 使役構文には、言語的強制使役用法ばかりでなく、自発使役の用法もあることを考察しました。たとえば、(12a, b) を見てください。

(12) a. 強制使役：√He made us all smile for a picture.
　　　　　　　「彼は、写真を撮るとき、我々みんなを笑顔にさせた。」
　　 b. 自発使役：√He makes us all smile with his gentle and loving personality.
　　　　　　　「彼は、愛情に満ちた優しい性格で、私たちみんなを微笑ませてくれる。」

　(12a) では、彼が話し手たちに写真を撮るので笑ってくださいと強制的に働きかけています。よってこの文は、強制使役です。一方 (12b) では、彼は話し手たちに何も強制的働きかけをしておらず、彼の愛情に満ちた優しい性格が原因となって、話し手たちが自然に微笑んでいます。よってこの文は、自発使役です。

　[人間 主語 .Make. 人間 目的語 .C] パターンにも、自発使役用法があります。この用法は、それが表わす事象が、人間 主語 の意図的行為によるものではないという点で、前節で考察した同じパターンの魔術的状態変化誘起用法（たとえば、(8b) = √He made her beautiful.）と異なります。

(13) a. √She makes us comfortable with her warm and gentle personality.

「彼女は、彼女の温かく優しい性格で私たちをくつろがせてくれる。」

b. √He invested her money wisely, and made her rich.
「彼が彼女のお金を巧みに投資したので、彼女はお金持ちになった。」

c. √He failed in his business and made his wife and kids homeless.
「彼は商売に失敗して、妻と子供たちをホームレスにしてしまった。」

d. √Whether or not she made him famous, he will never be more famous than her.（実例）
「彼女のおかげで彼が有名になったか否かにかかわらず、彼が彼女より有名になることは決してないであろう。」

e. √He made her quiet.（cf. 10b）
「彼のおかげで、彼女は穏やかに（声高でなく）なった。」

(13e) は、彼女が声高な女性であったが、彼が穏やかな、声高でない男性で、彼女が彼と長い間つきあっているうちに、彼の方が彼女より、はるかに自分の意見を人に認められていることが分かり、その影響で彼女も次第に穏やかな、声高でない女性になった、というような自発事象を表わします。

自発使役解釈の [人間 主語 .Make. 人間 目的語 .C] パターンは、実は、同じ解釈の [Make.O.C −self-controllable] パターンの特殊ケースで、このパターンは、無生物の主語も許します。むしろ、無生物、特に、出来事、行為、状態を表わす名詞句を主語とする文の方が一般的で、人間を主語とする (13a-e) は、それと比較してど

ちらかというと少ない文パターンです。次に、無生物を主語とするこのパターンの例文をいくつかあげておきます。

(14) a. √A plastic surgeon operated on her face, and it made her beautiful.
「整形外科医が彼女の顔を手術した。そしてそれで彼女は美しくなった。」

b. √Fame made him lonely.（実例）
「有名になったおかげで、彼は孤独になった。」

c. √It made him unhappy to travel, it made him unhappy to eat foreign food, it made him unhappy to deal with people who didn't speak English, it made him unhappy to be away from home.（実例）
「旅行をすることは、彼の気分を滅入らせた。異国の食べ物を食べることは、彼の気分を滅入らせた。英語を話さない人たちと接触することは、彼の気分を滅入らせた。自分の家から遠く離れていることは、彼の気分を滅入らせた。」

d. √The actress, who is expecting her second child, said the pregnancy has made her forgetful.（実例）
「二人目の子供を身ごもったその女優は、妊娠のせいで忘れっぽくなったと言った。」

e. √Cleopatra claimed pickles made her beautiful.（実例）
「クレオパトラは、自分が美しくなったのは漬物のおかげだと言った。」

この節の終わりに、念のため、［人間 主語 .Make. 人間 目的語 .Be.C］パターンには、自発使役の用法がないことを指摘しておきま

す。たとえば、(13a, b) を［人間 主語.Make. 人間 目的語.Be.C］パターンの文にすると、不適格文になってしまいます。その理由はもちろん、口頭による強制使役という概念と、自発使役という概念が相容れないからです。

(15) a. *She makes us **be** comfortable with her warm and gentle personality.
　　b. *He invested her money wisely, and made her **be** rich.

● He made her more cautious. と He made her be more cautious. は同じ意味か？

［人間 主語.Make. 人間 目的語.C］パターンと［人間 主語.Make. 人間 目的語.Be.C］パターンの用法についてのこれまでの考察をまとめると、次のようになります。本章の冒頭に述べたように、C は、形容詞句に限定します。

(16)　［人間.Make.人間.C］
　　　　主語　　目的語
　a. 魔術的状態変化誘起：人間が、人間に、意図的・強制
　　　　　　　　　　　　主語　　目的語
　　 的・魔術的にもたらす、人間が自己制御できない恒常
　　　　　　　　　　　　目的語
　　 的状態変化を表わす。
　　 C = ─self-controllable　((8b), (9a-c), (11a-e) 参照) ;
　　 C ≠ ＋self-controllable　((*10b) 参照)
　b. 自発使役：人間の行為、性格、状態などが原因で、
　　　　　　　主語
　　 人間に自発的に起きる状態変化を表わす。
　　 目的語
　　 C = ─self-controllable　((13a-d) 参照) ;
　　 C = ＋self-controllable　((13e) 参照)

(17)　[人間.Make.人間.Be.C]
　　　　　主語　　　　目的語
　　a.　言語的強制使役：人間が制御できる事象の言語的（＝
　　　　　　　　　　　　　　　目的語
　　　　命令や説得など、口頭による）強制使役

　　　　C ＝ +self-controllable　（(3b),（7a-f）参照）；

　　　　C ≠ −self-controllable　（(*6a-f) 参照）

　　b.　自発使役なし　（(*15a, b) 参照）

　お気づきの方もいらっしゃると思いますが、[人間 主語.Make. 人間 目的語.C] パターンの C ＝ +self-controllable には、自発使役の解釈があります。(13e)（=He made her quiet.「彼のおかげで彼女は穏やかに（声高でなく）なった」）が、そのパターンに当てはまります。

　これで、本章のタイトル「He made her more cautious. と He made her **be** more cautious. は同じ意味か？」という問いに答える用意が整いました。この問いの答えはノーです。この２つの文は、まったく異なった意味を表わします。タイトルの１番目の文 He made her more cautious. は [人間 主語.Make. 人間 目的語.C] パターンで、C ＝ −self-controllable です。この文は、(16b) の自発使役用法としかマッチしません。したがって、この文の意味は、「彼のおかげで、彼女がより用心深くなった」という意味になります。「彼のおかげで」というのは、彼が非常に用心深い男で、彼女が彼と長い間つきあっていて、知らぬまに、「彼女も以前より用心深くなった」というような状況を表わしているかもしれません。あるいは、彼女が彼と婚約したあとで、彼に結婚詐欺の前科があったことが分かって、破談にしたけれども、その経験で「彼女が前より、用心深くなった」というような状況を表わしているかもしれません。このような自発使役解釈を正当化する状況がすぐ頭に浮かぶ英語のネイティヴスピーカーは、He made her more cautious.

を適格文と判断します。他方、こういう状況がすぐには頭に浮かばないネイティヴスピーカーは、この文を不適格と判断します。しかし、後者のスピーカーも、こういう自発使役の解釈があるのではないか、と指摘されると、ああ、そういう状況では、He made her more cautious. と言えるね、とこの文の適格性を認めます。

次にタイトルの2番目の文 He made her **be** more cautious. は、［人間 主語 .Make. 人間 目的語 .Be.C］パターンで、C = +self-controllable です。この文は、(17a)の人間 目的語 が制御できる事象の言語的（＝命令や説得など、口頭による）強制使役としかマッチしません。この文の意味は、「彼は、不注意な彼女をとがめて、もっと注意深い行動をとらせた」です。この文は、たとえば、一緒に歩いていた娘が左右を見ないで道を渡ろうとするのをとがめて、「もっと用心しなくちゃだめじゃないか」とたしなめて、彼女により注意深く、道を渡らせた、というようなシーンを記述するのに用いられる類いの表現です。したがって、このパターンは、人間 目的語 の状態の恒常的変化を表わすことができないわけではありませんが、一時的な行動変化を表わすことが多いパターンと性格付けることができます。

これで、He made her more cautious. と He made her **be** more cautious. は、「彼のおかげで、彼女がより注意深くなった」と、「彼は、不注意な彼女をとがめて、もっと注意深い行動をとらせた」という2つの似ても似つかぬ意味を表わすことが分かりました。

He made her **be** more cautious.

Make 使役は「強制使役」の場合のみ受身になるのか？

第3章

● Make 使役の受身文

　使役動詞 make は、第1章で述べたように、一般に、「強制して無理やり〜させる」という「強制使役」と、「ある事柄が原因となって、別の事柄が自発的に（自然に）生じる」という「自発使役」（第1章の（10a-e）と（11a-d）参照）の2つの意味を表わすと言われています。そして、使役動詞 make が受身文になる場合は、前者の「強制使役」のみで、「自発使役」は受身文にはならないと言われています。たとえば、次の（1）と（2）を見てみましょう（[強制使役]、[自発使役] の区別と下線は、筆者が分かりやすさのために入れたもの）。

(1) 『ジーニアス英和辞典』（2006: 1185）、make の「語法」欄：
　〈人・物・事が〉〈人など〉に…させる
　受身では強制使役の場合のみ可能で、to が必要：
　a.　I was made to go (by him). [強制使役]
　b. × The sea was made to glisten by the sun. [自発使役]
　　（cf. The sun made the sea glisten.）

(2) 『ウィズダム英和辞典』（2013: 1165）
　[make A do]
　〈人などが〉A〈人など〉に（嫌がっても強制的に）…させる；

〈物・事などが〉Aに（無意識に）…させる
!「無意識に…させる」場合には受身にしない。
a.　I was made to clean the room (by mother).［強制使役］
b.　×I am made to look fat (by this suit).［自発使役］
　　(cf. This suit makes me look fat.)

　(1) と (2) の記述を少し補足しましょう。適格な (1a) や (2a) では、彼が、嫌がる話し手に行くことを強制し、母が、掃除をしたくない話し手に部屋を掃除するよう強制したと解釈されます。よって、これらの受身文は強制使役と解釈されるので、適格であるというわけです。一方、不適格な (1b) では、海がきらきら光ったのは、太陽が照ったために自発的に（自然に）起こっており、太陽が海に光るよう強制したわけではもちろんありません。(2b) でも同様で、話し手が太って見えるのは、そのスーツを着ると自然に生じることで、スーツがそれを強制するわけではありません。よって、これらの受身文は自発使役と解釈され、不適格だというわけです。このように、make 使役文は、強制使役の場合のみ受身文になり、自発使役の場合は受身文にならないと一般に考えられています（【付記1】参照）。

　(1b) の例文に関して、ここで少し補足が必要です。この文は、『ジーニアス英和辞典』（や Babcock (1972: 32)）で不適格と判断されていますが、これには少し問題があります。なぜなら、母語話者に (1b) を示すと、彼らが一様に、この文がまったく不適格というわけではなく、ぎこちない (awkward) 文であるだけだ、と判断するからです。本章の終わり近くで、どうしてこの文が不適格ではなく、ぎこちないか、そして、どうして完全に適格ではないかを説明しますが、それまでは、この辞典の表記にしたがって、この文を参照する必要があるときは、＊をつけて表示するこ

とにします。

　ここで、さらに例を追加しておきましょう。まず、次の (3a-c) の make 使役文は、いずれも強制使役と解釈され（第1章の (5a-d) を参照）、これらを受身文にした (4a-c) は、すべて適格です。

(3) a. Her father would not have **made** her marry against her will.
「彼女の父は、彼女に意に反して結婚させるなんてことはしなかっただろう。」

b. She got mad because I **made** her do the dishes before I let her play.
「遊ぶのを許してあげる前に、私が彼女に皿洗いをさせたことで、彼女は私に腹を立てた。」

c. They **made** him pay back the money.
「彼らは彼にそのお金を返済させた。」

(4) a. She would not have **been made** to marry against her will (by her father).

b. She got mad because she **was made** to do the dishes before I let her play.

c. He **was made** to pay back the money. (Swan 2005: 257)

一方、次の (5a-e) の make 使役文は、いずれも自発使役と解釈され（第1章の (10a-e), (11a-d) を参照）、これらを受身文にした (6a-e) は、すべて不適格です。

(5) a. Dirt in the gas **made** the car stop.
「ガソリンのゴミ、汚れのせいで、車が止まってしまった。」

b. This medicine **makes** me fall asleep.

「この薬を飲むと私は眠り込んでしまう。」

　c. This photo **makes** her look younger than she really is.
　　「この写真では、彼女は実際より若く見える。」

　d. All that sick time off work **made** me lose my job.
　　「病気で仕事をずっと休んでいたため、失職してしまった。」

　e. A small boy in a dragon suit who emerged **made** me smile.
　　「ドラゴンの服を着た小さな男の子が現われて、私は思わず微笑んだ。」

（6）a. *The car **was made** to stop by dirt in the gas.

　b. *I'**m made** to fall asleep by this medicine.

　c. *She **is made** to look younger by this photo than she really is.

　d. *I **was made** to lose my job by all that sick time off work.

　e. *I **was made** to smile by a small boy in a dragon suit who emerged.

したがって、(1), (2) の辞書の記述や (4a-c) と (6a-e) の対比を見ると、make 使役文は、強制使役の場合のみ受身文になり、自発使役の場合は受身文にならないと結論づけられるように思えます。しかし、本当にそうなのでしょうか。

● 自発使役も受身になる

　私たちは本書の第１章で、make 使役文には、典型的な強制使役や典型的な自発使役だけでなく、強制使役でも、典型的なものから非典型的なものまで、様々な場合があり、また、典型的強制使役でも典型的自発使役でもない場合があることを示しました。

そして、このような様々なmake使役文を説明するためには、makeが様々な意味を表わすのではなく、むしろ、「使役主が使役内容を一方的、必然的に作り出す」という、ひとつの意味だけを表わし、強制や自発というような意味は、私たちが文脈や社会常識から判断している意味であることを主張しました。

ただ、本章の主要な目的は、上で述べた『ジーニアス英和辞典』や『ウィズダム英和辞典』の記述の妥当性を考察することなので、これまで伝統的に「自発使役」と呼ばれてきたタイプのmake使役文（つまり、[主語 + make + 目的語 + 動詞句（VP）]で、VPは、目的語（被使役主）が自己制御不可能で自然に起こる事象の典型的自発使役文）に焦点を定めて議論を進めたいと思います。

さて、自発使役のmake使役文は受身にならないという主張に対して、さらに多くのmake使役受身文を観察してみると、自発使役と解釈される場合でも、適格な例がたくさんあることに気がつきます。まず、次の実例を見てみましょう（(8c)は、母語話者による作例です）。

(7) **I was made to feel very comfortable by the warm and friendly staff.**
「私は、暖かくて親切なスタッフの人達のおかげで、とても心地よく感じた。」

(8) a. We spent many long, cold nights huddled in the cabin waiting for spring, and many times **I was made to shiver by the horrible stories he told**.
「私達は春を待ちながら、小さな家で身を寄せ合って長く寒い夜を何日も過ごした。そして私は、彼が話した恐ろしい話で何度も身が震えた。」

b. Ricky Alvarez looked lively but perhaps **he was made to**

look better by the disappointing performances around him.

「リッキー・アルバレスは生き生きとして見えたが、多分、彼の周りの人達が期待はずれの演技だったので、よりよく見えたのだろう。」

c. **He was made to {feel drowsy / fall asleep} by the rocking motion of the train**.

「彼は、列車の揺れ動く振動で眠くなった／眠ってしまった。」

(7) の by 句 (*by*-phrase) は〈人間〉、(8a-c) のそれは〈無生物〉です。ここで、たとえば (7) と (8a) の受身文を能動文にすると、次のようになります。

(9) a. The warm and friendly staff **made** me feel very comfortable.
   b. The horrible stories he told **made** me shiver.

(9a) で、話し手は心地よく感じることを嫌がっていたわけではありませんし、使役主の「暖かくて親切なスタッフ」は、話し手に心地よく感じるよう強制したわけでもありません。スタッフの人達の態度や言葉で、話し手が自然と心地よく感じたわけですから、この文は自発使役です。また (9b) は、話し手が恐ろしい話を聞いたことで、震えるという事象が自然に起こっていますから、典型的な自発使役です（第1章の (10a-e) 参照）。(8b) も同様で、リッキー・アルバレスは、他の人達の演技がよくなかったために、彼の演技が生き生きとして見えたので、これも自発使役です。さらに (8c) でも、彼は、列車の揺れ動く振動で、自然

に眠ったり、眠くなったわけですから、この文も典型的な自発使役です。しかし、(7), (8a-c) の受身文は、(1b), (2b), (6a-e) のような自発使役の受身文とは異なり、まったく適格です。

さらに次の実例を見てみましょう。

(10) a. It amazes me how a woman **is made to look / feel small** by comments on the weight she might have put on or the ill-fitting clothes she is wearing.
「女性は、太ったんじゃないかとか、着ている服が合っていないとかコメントされることで、どれほど劣って見えるようになったり、どれほど恥ずかしい思いをさせられたりするか、これは本当に驚くばかりです。」

b. Sometimes the quarterback **is made to look bad** by the mistakes of teammates.
「時々、(アメリカンフットボールの) クォーターバックは、チームメイトのミスで悪く見える。」

c. This statistic **is made to look even worse** by the figure from the same month for the previous year, which was 4 percent higher.
「この統計値は、4％高かった前年度の同じ月の統計値に比べると、一層悪く見える。」

(10a, b) では、体重や服に関するコメントやチームメイトのミスが原因となって、女性やクォーターバックが劣って見えたり、恥ずかしく思う、という事象が<u>自然に起こる</u>、ということが記述されています。同様に (10c) では、問題の統計値が、前年度の統計値と比較すると一層悪く見えるという事象が<u>自然に起こる</u>ということが記述されています。よって、(10a-c) はいずれも自発使

役です。しかし、これらの文はまったく問題のない、適格な受身文です。

同様のことが次の実例についても言えます。

(11) a. He **was made to realize it** by a simple statement of Ransdell's.
「彼は、ランスデルの何気ない言葉でそれに気づいた。」
b. They have a beautiful tone which **was made to sound even more lovely** by the live acoustic of this hall, most suitable for chamber groups.
「彼らは美しい音色を奏でる室内管弦楽団で、その音色は、室内楽団に最も適しているこのホールの鮮明な音響効果によって一層美しく聞こえた。」

(11a) では、話し手は、ランスデルが何気なく言った言葉でそれに気がついており、(11b) では、ホールの音響効果のおかげで、室内管弦楽団が奏でる音色が一層美しく聞こえています。つまり、どちらの例でも、by 句（*by*-phrase）は無生物で、それぞれの事象が生じる際の原因であって、強制の意味合いはまったくありません。しかし、それにもかかわらず、これらの使役受身文は適格です。

さらに次の文を見てみましょう。

(12) a. I was lost and cold, **my bare skin made to shiver by the breeze**. (*The Dark Province: Son of Duprin* by William H. Johnson, 2010)
「私は道に迷い、寒くて、素肌が微かな風で震えた。」

b. When I was about to sleep last night, all of a sudden, **the house was made to shake violently by a big earthquake**.
「昨晩、眠りかけたときに突然、大きな地震がきて家が激しく揺れた。」

c. I remember my happiness on Monhegan Island, walking through forests of towering pines, gazing for hours at **the sea made to glisten by the sun**.
「私は、巨木の松の森を歩いたり、陽の光にきらめく海を何時間も眺めながら過ごしたモンヒーガン島（米国メイン州沖から 20 キロほど離れた島）での幸せな時間を忘れない。」

これらの文では、by 句が the breeze, a big earthquake, the sun で、自然や自然現象です。ここでも、微かな風が吹いたことで話し手が震えたり、地震が起こったことで家が揺れたり、太陽が照ったことで海がきらきら光っています。つまり、風が話し手に震えるよう強制したり、地震が家に揺れるよう強制したり、太陽が海に光ることを強制したわけではありません。したがって、これらの文も自発使役です。しかし、(12a-c) はいずれも適格です。ここで、(12c) の受身文は、先に見た (1b) の *The sea was made to glisten by the sun. の was がないだけですが、前者は適格、後者は不適格であることに注意してください。両者はともに自発使役なのに、どうしてこのような違いが生じるのでしょうか。

　以上観察した (7), (8a-c), (10a-c), (11a, b), (12a-c) の適格性は、make 使役文の強制使役のみが受身文になり、自発使役は受身文にならないという従来の考えが妥当でなく、間違いであることを示しています。Make 使役文は、いったいどのような場合に受身文になるのでしょうか。本章では、以下でこの謎を解き

たいと思います。

● これまでの例で気がつくこと

　これまで観察した強制使役の適格な make 使役受身文（(1a), (2a), (4a-c)）、自発使役の不適格な make 使役受身文（(1b), (2b), (6a-e)）、そして自発使役の適格な make 使役受身文（(7), (8a-c), (10a-c), (11a, b), (12a-c)）を比べてみると、これらの間に次の3つの違いがあることに気がつきます。

(13)　強制使役と自発使役で適格な make 使役受身文は、by 句が、〈人間〉や〈自然の力〉、そして何かを行なったことを表わす「行為者性、動作性」の高い名詞句であるが、不適格な自発使役の make 使役受身文は、by 句が、「写真、汚れ、病気の期間」など、自らは何も行なわない名詞句である。

(14)　自発使役の適格な make 使役受身文は、主語指示物に生じる<u>状態</u>（すなわち、<u>静的状態や習慣的動作、繰り返しの動作</u>）を表わす（【付記2】参照）。

(15)　自発使役の適格な make 使役受身文は、堅い（formal）書き言葉の文体が多い。他方、自発使役の不適格な make 使役受身文は、会話調の文体であることが多い。

　以下で、これら3つの要因を説明し、これらの要因が make 使役受身文の適格性とどのように関わっているかを明らかにしたいと思います。

● 受身文の by 句は、「行為者」や「準行為者」、および「経験者」

本節では、(13) を説明する導入として、通常の受身文で by を伴う名詞句がどのような働きをしているかを簡単に見ておきたいと思います。これまでよく指摘されていることですが、by を伴う名詞句は、通例、主語指示物に対して何かを行なう「行為者」(agent) や、主語指示物に対して何らかの心理状態を持つ「経験者」(experiencer) を表わします。次の例を見てください。

(16) a. John was praised by **his teacher**. (行為者)
　　 b. The door was opened by **Mary**. (行為者)
　　 c. Sue is loved / admired by **John**. (経験者)

(16a, b) の by 句 his teacher や Mary は、ジョンに対して「褒める」という行為を行なったり、ドアに対して「開ける」という行為を行なう「行為者」です。また、(16c) の by 句 John は、スーに対して愛情や賞賛の気持ちを持つ「経験者」です。

By 句の「行為者」や「経験者」は、何かを行なうことができたり、何らかの感情を抱く〈人間〉(や〈動物〉) が典型的ですが、〈無生物〉でも受身文の by 句になることはよく知られています。次の例を見てみましょう。

(17) a. Many houses were destroyed **by the avalanche**.
　　　 「多くの家がその雪崩で壊された。」
　　 b. The crops have been ruined **by frost**. (Quirk et al. 1985)
　　　 「作物は霜で台無しにされた。」
　　 c. The house is surrounded **by tall elms**.

「その家は、高い楡(にれ)の木に囲まれている。」
d. That hypothesis was refuted **by the data**.
「その仮説は、そのデータで間違っていることが証明された。」
e. Your life will be changed **by this book**. (Swan 2005: 385)
「あなたの人生は、この本で一変するでしょう。」
f. I was shocked **by your attitude**. (cf. ibid.: 387)
「私は君の態度でショックを受けた。」

(17a-f) の by 句は、無生物や意志を持たない樹木です。樹木は植物で、生物学的には生き物と見なされるでしょうが、意志を持たないために、文法現象の観点からは、無生物に入れられます。よって (17a-f) の by 句は、すべて無生物であり、これらは、Quirk et al. (1985: 743) が「準行為者」(semi-agent)、あるいは、「外的使役主」(external causer) と呼ぶもので、あたかも何かを行なう〈行為者〉であるかのように考えられ、ある出来事を引き起こすと解釈されます。つまり、〈無生物〉の「雪崩、霜、樹木、データ、本、人の態度」は、何かの行為をしようとしたり、何らかの動作を自ら行なうわけではありませんが、雪崩で家が壊れたり、聞き手がこの本を読めば人生が変わるというように、(17) の文脈においては、主語指示物に影響を及ぼし、「行為者性、動作性」が高いものとして考えられています。よって、(17a-f) の受身文は適格になると説明できます。

上では、(17a-f) の by 句を「準行為者」(あるいは「外的使役主」) として一律に扱いましたが、ここで、「行為者性、動作性」に関して、実は程度の違いがあることを説明しておきたいと思います。行為者性が最も高いのは、(16a, b) の by 句 his teacher や Mary のような〈人間〉で、その人間が受身文の主語指示物に対

して意図的に何らかの行為・動作を行なう場合です。次に行為者性が高いのは、(17a, b) の the avalanche や frost のような〈自然の力〉で、これらも自らの持つ内的な力で受身文の主語指示物に対して何かを行ない、影響を与えています。このような〈人間〉や〈自然の力〉に比べると、(17c-f) の by 句 tall elms, the data, this book, your attitude は、行為者性が低いことが明らかです。たとえば、(17d) の「データ」は、その仮説に対して自らは何も行なっておらず、〈人間〉がそのデータをもとに仮説を検討し、その仮説が間違っていることが明らかになっています。(17e)の「この本」の場合も同様で、本自体は聞き手の人生に対して何も行なってはいませんが、聞き手がその本を読むことで、人生が変わると述べています。さらに (17f) の「君の態度」は、聞き手の態度が話し手に直接何かをしたわけではなく、話し手が聞き手の態度、振る舞いに接したことでショックを受けています。そしてこのような名詞句は、次のように by 以外の前置詞に置き換えることもできます。そのため、行為者性はさらに低いと考えてもいいでしょう。

(18) a.　I was shocked **by / at your attitude**. (cf. 17f)
　　 b.　We were worried **by / about her silence**.

ここで、(16a, b)、(17a-f) の by 句を例にして、「(準) 行為者」と呼ぶ場合の「行為者性」の程度を図示すると、概略次のようになります。

(19) 「行為者性」の程度

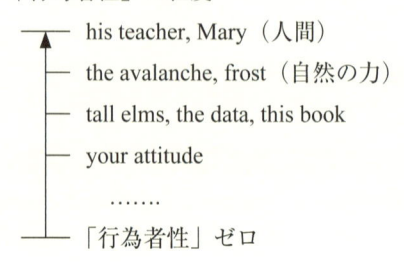

```
  ↑  ── his teacher, Mary（人間）
     ── the avalanche, frost（自然の力）
     ── tall elms, the data, this book
     ── your attitude
         ……．
     ── 「行為者性」ゼロ
```

「行為者性」

しかし、(19) に示した〈人間〉以外の by 句は、先に述べたように、いずれも〈人間〉のように、あたかも何かを行なう〈行為者〉であるかのように捉えられ、受身文の主語指示物に影響や勢力を及ぼして、何かを行なった／引き起こしたと解釈されるものです。

これに対し、次の受身文を見てください。

(20) a. * Twenty people can be housed **by this cabin**. （場所）
       (cf. This cabin can house twenty people. 「このキャビンは、20人の人を収容できる。」)

   b. * John was found walking in the park **by every morning**. （時間）

> (cf. Every morning found John walking in the park.「毎朝ジョンは公園で散歩をしていた。」)
>
> c. ?/?? The door was opened **by the key**.（道具）
>
> (cf. The key opened the door.)

(20a) では、このキャビンが 20 人の人を収容できると述べており、by 句の this cabin は、20 人が入れる「場所」であり、その人達に対して何かを行なうわけではありませんから、「行為者」ではありません。(20b) でも、by 句の every morning は、ジョンが公園を散歩した「時間」であり、ジョンに対して何かを行なったわけではありませんから、「行為者」ではありません。また (20c) では、誰かが「その鍵」(the key) を用いてドアを開けており、「その鍵」はドアを開ける際の「道具」です。人間がある「道具」を使って何かの行為を行なう場合、その道具は by ではなく、with を伴います。したがって、(20a) の **by** this cabin を **in** this cabin に、(20b) の by every morning を、by をとって every morning のみに、そして (20c) の **by** the key を **with** the key にすれば、次のように適格な受身文になります。

> (21) a. Twenty people can be housed **in** this cabin.
>
> b. John was found walking in the park **every morning**.
>
> c. The door was opened **with** the key.

(21a-c) では、by 句が示されていませんが、by 句が示されない受身文は多く（受身文の約 8 割は by 句が明示されないとの報告があります）、この点は、すでに観察した (4b, c) にも見られます（【付記3】参照）。

ここで、(20a-c) の by 句 this cabin, every morning, the key を「行

為者性」という観点から比べると、(20a, b) が不適格（*）なのに対し、(20c) が不自然（?/??）であることから示唆されるように、the key の方が this cabin, every morning より行為者性が高いと言えます。なぜなら、鍵は、ドアに作用してそのドアを開けているのに対し、this cabin や every morning は、主語指示物の動作が行なわれる場所や時間を示すだけで、主語指示物に対して何かを行なっているわけではないからです。この点を (19) の図に合わせて図示すると、次のようになります。

(22) 「行為者性」の程度

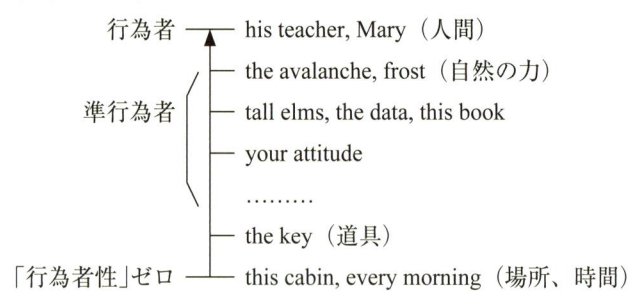

```
行為者 ────── his teacher, Mary（人間）
         ┌─ the avalanche, frost（自然の力）
  準行為者 │─ tall elms, the data, this book
         │─ your attitude
         │  ………
         └─ the key（道具）
「行為者性」ゼロ ── this cabin, every morning（場所、時間）
```

● Make 使役受身文の by 句

通常の受身文の by 句に関して以上のことが分かると、本章の初めに見た make 使役受身文についても同じことが当てはまっていることに気がつきます。まず、強制使役の make 使役受身文は、次のように by 句が〈人間〉で、「行為者」として機能しています。

(23) a.　I was made to go by him.（cf. 1a）
　　　　「私は彼に行かされた。」
　　 b.　I was made to clean the room by my mother.（cf. 2a）

「私は母に部屋の掃除をさせられた。」

(23a) では、彼が話し手に行かせようと働きかけ、そうさせていますし、(23b) でも、母親が話し手に部屋を掃除させようと働きかけ、そうさせています。つまり、by 句がそのような行為を行なう「行為者」として機能しています。

これに対し、自発使役の適格な make 使役受身文は、次のように by 句が、〈人間〉や〈自然の力〉であったり、「行為者性、動作性」の高い名詞句で、「準行為者」と解釈されるものです。

(24) a. I **was made** to feel very comfortable **by the warm and friendly staff**. (=7)〈使役主：人間〉

b. I **was made** to feel very comfortable **by the warmth and the friendliness of the staff**. (cf. 24a)〈使役主：行為者性、動作性が高い〉

c. I was lost and cold, **my bare skin made to shiver by the breeze**. (=12a)〈使役主：自然の力〉

d. We spent many long, cold nights huddled in the cabin waiting for spring, and many times **I was made to shiver by the horrible stories he told**. (=8a)〈使役主：行為者性、動作性が高い〉

(24a) では、by 句の「温かくて親切なスタッフ」が〈人間〉で、彼らは話し手に温かく話しかけたり、教えたりして、何かを行なっており、その結果、話し手が心地よく感じています。つまり、by 句は「行為者」として機能しています。

(24b) は、(24a) の by 句、「温かくて親切なスタッフ」が、「スタッフの温かさや親切さ」に変わって、書き言葉の多少堅い表現になっています。しかし、スタッフが話し手に対し、温かく親切に接したことを表わしていますから、行為者性、動作性の高い名詞句として解釈され、(24a) の by 句とほぼ同じ機能を果たしています。つまり、そのスタッフの温かさや親切さが話し手に働きかけて、話し手を心地よく感じさせていますから、(24b) の by 句は、「準行為者」であると言えます。また (24c) では、「風」が〈自然の力〉を持っており、その力でもって話し手を震えさせていますから、「準行為者」と言えます。さらに (24d) では、by 句自体は〈無生物〉ですが、彼が恐ろしい話を話し手にしていますから、行為者性、動作性の高い名詞句として解釈されます。つまり、彼が話したその恐ろしい話が、話し手に影響を与え、何かを行なっていると解釈され、「準行為者」と解釈することができます。

(24d) の by 句 the horrible stories he told のように、行為者性、動作性が高く、「準行為者」として機能している by 句は、他にも (10a) の **comments** on the weight she might have put on or the ill-fitting clothes she is wearing, (10b) の the **mistakes** of teammates, (11a) の a simple **statement** of Randell's, (8b) の the disappointing **performances** around him などがあり、この点は、これら by 句の太字で示した名詞が、人が何かを行なったことを表わす「行為名詞」(action nominals) であることからも明らかです。そしてこの点は、次のような実例についても同様です。

(25) a. My wife was made to feel rather unwelcome **by the constant stares** of the local men.
(使役主：行為名詞 — 動作性が高い)
「私の妻は、現地の男達にずっとじろじろ見られ、あまり歓迎されていないと感じた。」

b. Mr Graham was made to look completely foolish **by the actions** of an obviously frustrated Police Chief Flynn.
(同上)
「警察署長のフリンが（グラハム氏に何かを説明しようとしても話が通じず）いらいらしていることが人目にも明らかなために、グラハム氏は人々の目にまったく愚か者であるように映った。」

(25a) の by 句は、「現地の男達が話し手の妻をずっとじろじろ見ること」、(25b) の by 句は、「警察署長フリンのいらいらとした振る舞い」で、ともに「行為名詞」であり、行為者性、動作性が高く、「準行為者」として機能しています。

以上から、make 使役受身文の by 句は、〈人間〉、〈自然の力〉、〈無生物〉のいずれであっても、「（準）行為者」として機能していることが分かります。ここで重要なことは、by 句が〈人間〉であれば、「行為者性、動作性」が高いのではなく、〈人間〉でも「行為者性、動作性」が低い場合もあり、〈無生物〉でも、上で見たように、「行為者性、動作性」が高い場合もあるという点です。次の対比を見てください。

(26) a. *I was made to smile **by a small boy in a dragon suit who emerged**. (=6e)〈行為者性、動作性なし／極めて低い〉

b. He was made to |fall asleep / feel drowsy| **by the rocking**

motion of the train. (=8c)〈行為者性、動作性が高い〉

(26a) の by 句、「ドラゴンの服を着て現われた小さな男の子」は〈人間〉ですが、話し手に対して何も行なっておらず、行為者性、動作性がほぼゼロと言ってもいい名詞句です。その点で、次のような文の不適格性と同様に、by 句が「(準)行為者」でないことが、この文の不適格性の理由だと考えられます。

(27)　* I was made to smile **by the cherry blossoms in full bloom**.
　　　(cf. The cherry blossoms in full bloom made me smile.)

これに対し (26b) の by 句、「列車の揺れ動く振動」は〈無生物〉ですが、動作性の高い名詞句であり、話し手に対して何かをしていると解釈されますから、この文が適格であると考えられます。

● (6c, d) はなぜ不適格か？

それではここで、不適格な (6c, d)(以下に再録)を考えてみましょう。

(28) a. * She is made to look younger **by this photo** than she really is. (=6c)〈場所〉
　　 b. * I was made to lose my job **by all that sick time off work**. (=6d)〈時間〉

(28a) は、写真に写っている彼女が、実際より若く見えると述べていますが、写真は、彼女が写っている「場所」にしか過ぎません。写真が彼女に対して何かを行なっているわけではありません

から、この by 句 this photo は、行為者性、動作性がいわばゼロの名詞句です。その点で this photo は、(20a) の this cabin と同様で、by を伴うことができず、次のように in を伴うと適格になります。

(29)　　She is made to look younger **in this photo** than she really is.

　(28b) の by 句、all that sick time off work は、「病気で仕事を休んだ期間」ですから、(20b) の every morning と類似しており、「時間」を表わしていると考えられます。(22) で図示したように、時間を表わす名詞句は、行為者性がゼロで、話し手が病気で仕事を休んだ期間が、話し手に何かを行なっているわけではありません。

　以上から、(28a, b) は、(26a), (27) と同様に、by 句が、行為者性、動作性の高い名詞句ではなく、「(準) 行為者」として機能していないために不適格であると考えられます。

● 適格な make 自発使役受身文は、主語指示物に生じる静的状態を表わす

　私たちは、「これまでの例で気がつくこと」の節で、次の仮説を提示しました。

(14)　　自発使役の適格な make 使役受身文は、主語指示物に生じる<u>状態</u>（すなわち、<u>静的状態や習慣的動作、繰り返しの動作</u>）を表わす。

この仮説は、次のような自発使役受身文が適格であることに基づ

(30) a. It amazes me how a woman **is made to look / feel small** by comments on the weight she might have put on or the ill-fitting clothes she is wearing. (=10a)
b. He **was made to** {**feel drowsy / fall asleep**} by the rocking motion of the train. (=8c)

(30a) は、女性が劣って見えたり、恥ずかしく思ったりするという、女性の状態を表わしています。(30b) の feel drowsy は、彼が眠いと感じる状態を表わしており、fall asleep は、「眠り込む」という動作だけでなく、'fall and stay asleep' という意味の「眠り込んで、眠ったままでいる」という状態も表わしていると解釈されます。

自発使役の適格な受身文が、主語指示物の状態を表わすという点は、(30a, b) の動詞 look（見える）や feel が状態動詞であることから明らかで、本章のこれまでに見た自発使役の適格な受身文には、このような状態動詞が多く用いられています ((7), (8b), (10b, c), (11a, b) 等を参照)。

以上から、自発使役の make 使役受身文について、次の仮説を立てることができます。

(31)　Make 自発使役の受身文は
(i) by 句が「行為者性、動作性」の高い名詞句で、「(準)行為者」として解釈され、
(ii) 主語指示物に生じる状態（静的状態や習慣的動作、繰り返しの動作）を表わす場合に
適格になる。

これまでに考察した適格な make 使役受身文 (24a-d), (25a, b), (26b), (30a, b) は、これら 2 つの条件をともに満たしています。
　一方、不適格な make 使役受身文

(26) a. *I was made to smile by a small boy in a dragon suit who emerged.
(27) 　*I was made to smile by the cherry blossoms in full bloom.
(28) b. *I was made to lose my job by all that sick time off work.

は、これら 2 つの条件をともに満たしておらず、

(28) a. *She is made to look younger by this photo than she really is.

は (31) の (i) を満たしていないので、いずれも不適格であると説明できます。
　さらに、make 使役受身文の適格性が、会話調の話し言葉であるか、あるいは、堅い書き言葉であるかにも少なからず依存しているということにも注意してください。もうお気づきかもしれませんが、不適格な make 使役受身文 (26a), (27), (28b) は、話し手が、自分のした動作や自分に起こった出来事をくだけた話し言葉で表現するところを、わざわざ「有標の」(marked) 受身文を用いて表現しています。一方、適格な make 使役受身文 (24a-d), (26b) は、長くて文学的な表現を含む堅い書き言葉という印象を受けます。それは、make 使役受身文が、このような客観的で堅い書き言葉で多く用いられる表現であるということを物語っています。

● （1b）の適格度の説明

　私たちは本章の冒頭で、『ジーニアス英和辞典』が、make の自発使役文は受身にならないと述べ、次の（1b）を不適格と記述していることを紹介しました。

(1)　b. * The sea was made to glisten by the sun.

そして私たちは、英語母語話者たちが一様に、（1b）がまったく不適格な文というわけではなく、ぎこちない（awkward）文であるだけだと判断していることを述べました。私たちは、この母語話者の観察を尊重して、以下では（1b）を次のように表記することにします。

(1)　b'.　(?)/? The sea was made to glisten by the sun.

　それでは、make の自発使役受身文についての前節で考察した制約（31）が（1b'）の適格度について、どういう予測をするか考えてみましょう。（1b'）の by 句 by the sun は、「自然の力」を表わしますから、「行為者性、動作性」の高い表現です。したがって、この文は、（31i）を満たしています。それでは、make の自発使役受身文は、その主語指示物の静的状態を表わすものでなければならない、という制約（31ii）はどうでしょうか。glisten には、「ピカッと光る」という瞬間的な出来事を表わす動的解釈と、「きらきら輝く、輝き続ける」という静的状態を表わす解釈の2つがあります。次の例文（すべて実例）を見てください。

(32)　動的解釈の glisten

a. From nowhere something glistened in the dark.
   「どこからともなく、何かがピカッと光った。」
   b. The scalping knife glistened momentarily, as it cut the air in its descending course.
   「外科用メスが、空を切って下方に動いたとき、一瞬ピカリと光った。」
(33) 静的解釈の glisten
   a. The diamond glistened like a star and there was a big commotion of people who wanted to buy it!
   「そのダイヤは星のように光り輝いていた。そして、それを買いたいと思う人たちのざわめきが起きた。」
   b. Stars glistened in the dark sky.
   「星が夜空に光り輝いていた。」
   c. The sea glistened in the sun.
   「海が太陽に照らされて光り輝いていた。」

前節での考察からすれば、静的解釈の glisten は、make 自発使役受身文に現われることができるはずです。したがって、(1b') は (31) の制約 (i), (ii) を両方とも満たしていることになります。それではどうして、母語話者たちが一様に (1b') をぎこちない (awkward) 文と判断するのでしょうか。

この謎は、(1b') を次の適格文と比べることで解決することができます。

(12) c. I remember my happiness on Monhegan Island, walking through forests of towering pines, gazing for hours at **the sea made to glisten by the sun**.

(1b') と (12c) は、どちらも海がきらきら光っている静的状態を述べていますが、(1b') は、短い会話調の文体であるのに対し、(12c) は、文学的表現の香りがする堅い書き言葉の文体です。この違いのために、母語話者は (1b') をぎこちない (awkward) と判断するのに対し、(12c) はまったく適格と判断するものと考えられます。

　上記の点は、(1b') を shiver（震える）を用いた (12a)（以下に再録）や次の (34) と比べてみることによっても確認されます。

(12) a.　I was lost and cold, my bare skin **made to shiver by the breeze**.

(34)　　My bare skin was made to shiver by the chilly breeze.

(1b') の glisten と (12a), (34) の shiver には、ともに動的解釈と静的解釈の両方があるという点で、両者は非常によく似ています。それにもかかわらず、どうして (1b') はぎこちなく、(12a) や (34) は完全に適格なのでしょうか。それは、これらの文はいずれも、主語指示物の静的状態（繰り返しの動作）を述べていますが、(12a), (34) は、(12c) と同様に、文学的香りの漂う堅い書き言葉の表現であるからです。実際、(12a) は、すでに述べたように、William H. Johnson の *The Dark Province: Son of Duprin* からの引用です。

　以上から、make の自発使役受身文の適格性に関して、次の制約を立てることができます。

(35)　**Make 自発使役受身文に課される制約**：Make 自発使役受身文は、
　(i) by 句が「行為者性、動作性」の高い名詞句で、「(準)

行為者」として解釈され、

(ii) 主語指示物に生じる状態（静的状態や習慣的動作、繰り返しの動作）を表わす場合に適格となり、

(iii) 堅い書き言葉の文体で用いられる方が適格となりやすい。

● 「準行為者」の程度

私たちは（20c）（=?/??The door was opened **by the key**.）で、the key は、誰かがドアを開けた際の「道具」であり、「準行為者」ではないものの、(20a, b) の by 句 this cabin や every morning のような、「場所」や「時間」を表わす名詞句よりは、「行為者性、動作性」が高いことを観察しました（(22) の図を参照）。それではここで、不適格な make 使役受身文 (6a, b)（以下に再録）を見てみましょう。

(6) a. * The car **was made** to stop by dirt in the gas.
　　 b. * I'm **made** to fall asleep by this medicine.

(6a, b) の事象が引き起こされる際に、その事象を引き起こす by 句、「ガソリンのゴミ、汚れ」と「薬」は、「行為者性、動作性」に関してどちらが高いでしょうか。それは、(6a) の「ガソリンのゴミ、汚れ」は、ガソリンに混じっているだけで、自らが何かを行なっているという解釈は極めて低いため、行為者性、動作性が「薬」よりはるかに低いと考えられます。つまり、(6a) のガソリンのゴミ、汚れは、「準行為者」として解釈されず、さらにこの文は、車が止まるという動作を述べ、状態を表わしてはいません。よって、(35) の制約の (i) と (ii)（および (iii)）を満

たしていないので、不適格であると説明できます。

それでは、(6b)の「薬」は、人間の体内に作用して眠りを引き起こしますから、準行為者とは見なされないのでしょうか。この点は、準行為者であるかどうかに関して、母語話者の間で判断の違いが生じる部分です。まず、「薬」を準行為者とは見なせない母語話者たちは、人が薬を服用して眠るので、行為者は〈人間〉であり、薬は、(20c)の the key と同様に、「道具」であると考えるものと思われます。つまり、薬自体が被使役主に直接、眠くなれと働きかけるのではなく、薬が人間に与える複雑な化学的効果によって眠気が生じると考えて、準行為者とは見なさず、(6b)や次の文を不適格と判断します（以下で述べるように、(36a-c)を適格と判断する話者もいるため、* をつけていません）。

(36) a. I am often made to feel high by this medicine.
「私はしばしばこの薬で陽気な気分になる。」
b. The patient was made to fall asleep by the medicine that his doctor had given him.
「患者は、医者が与えた薬で眠り込んでしまった。」
c. My guess is that we were made to fall asleep by something in that tea, and made to stay asleep until quite recently.
（実例）
「私が思うのは、私達はあの紅茶の中に入っていた何かで眠り込んでしまい、ついさっきまでずっと眠ったままだったということです。」

ただ、これらの文を不適格と判断する母語話者でも、次のような文は（ほぼ）適格と判断します。

(37) a. The patient was made to fall asleep by the addition of a sedative to his IV.

「その患者は、点滴に鎮静剤を注入したことで眠り込んでしまった。」

b. Chlorpromazine is effective, but is more sedative, and manic patients often resent being made to feel drowsy by medication.（医学論文からの実例）

「クロルプロマジン（精神安定剤）は効果的ですが、より気持ちを落ち着かせるものであり、躁状態の患者は、これを服用することで眠くなることにしばしば腹を立てる。」

(37a) の点滴に注入した鎮静剤の効果は、(6b) や (36a, b) の飲み薬よりはるかに急速に効果をもたらします。また、この文の by 句には、addition という「行為名詞」が含まれています。したがって、この２つの理由から、(37a) の by 句は、medicine などより「行為者性、動作性」が高く、準行為者と見なされます。さらにこの文が、「患者」を主語にして、その患者に起こった事柄を客観的に述べるという、堅い書き言葉の文体であることも、この文の適格性を高めています。そしてこの点は、(37b) のような医学論文という専門的で堅い書き言葉の文体では、一層明らかです。

これに対し、薬が結果的には人を眠らせたり、人に眠気を起こさせたと考えて、薬を準行為者扱いできると判断する母語話者たちは、(6b) は、主語が話し手で、I'm... という会話調の表現であるため、不自然と判断しますが、(36a, b) は「かなり適格」(pretty acceptable) と判断し、(36c) や (37a, b) は完全に適格と判断します。

最後に、まだ考察が残っている (2b)(以下に (38a) として再録)を (38b, c) と比べてみましょう。

(38) a. * I am made to look fat **by this suit**. (cf. 2b)
b. (?) She is made to look fat **by the oversized clothes she always wears**.
c. She is made to look fat **by her habit of always wearing** oversized clothes.

(38a) は、話し手がこのスーツを着ると太って見えるという、話し手の個人的な事柄を述べた会話調の文体です。それにもかかわらず、そこで make 使役受身文を用いていることが、この文の不適格性のひとつの原因です。もうひとつの重要な原因は、by 句が「このスーツ」のみで、単純名詞であり、「行為者性、動作性」が低いために、スーツが彼女に対して何かを行なったとは解釈されず、準行為者とは見なされないことです。これに対し (38b) は、若干のぎこちなさを感じるという母語話者もいますが、(ほぼ)適格、そして (38c) は、完全に適格と判断されます。その理由は、(38b, c) の by 句が、「彼女がいつも着る大きなサイズの服」や「いつも大きな服を着る彼女の習慣」であり、彼女が自分に対してそのような行為を行なっているという、「行為者性、動作性」が高く、「準行為者」として解釈されるためです。さらに、これらの by 句から、彼女が太って見えるという事態が、習慣的に繰り返され、この受身文が、彼女の静的な状態を明示的に表わしているためです。

● 結び

　私たちは本章で、make 使役文は、強制使役の場合のみ受身文になり、自発使役の場合は受身文にならないと考えられてきたこれまでの一般化に対して、(7)、(8a-c)、(10a-c)、(11a, b)、(12a-c) のような適格な自発使役の受身文を提示し、このような一般化が間違っていることを示しました。つまり、make 使役文は、自発使役の場合でも受身文になることが明らかとなりました。

　そして、自発使役の make 使役文が、どのような場合に適格となるかに関して、次の制約を提出しました。

(35) **Make 自発使役受身文に課される制約**：Make 自発使役受身文は、
　(i) by 句が「行為者性、動作性」の高い名詞句で、「(準)行為者」として解釈され、
　(ii) 主語指示物に生じる状態（静的状態や習慣的動作、繰り返しの動作）を表わす場合に適格となり、
　(iii) 堅い書き言葉の文体で用いられる方が適格となりやすい。

そしてこの制約により、本章で提示した make 自発使役受身文の適格性がすべて説明できることを示しました。

　さらに、(35) の制約 (i) に関して、by 句が表わす「行為者性」という概念は、「イエス・ノー」の二分律の概念ではなく、動作を行なう〈人間〉を頂点とすると、(6c)（=*She is made to look younger **by this photo** than she really is.) の場合の this photo のように、行為者性ゼロとなる場合まで連続した段階があることを示し

ました。そして、その連続体のどの点が、make 使役文が適格となる境界点であるかについて、母語話者の間で多少の違いがあることも示しました。

コラム①

トンビと凧

　『謎解きの英文法－省略と倒置』のコラム②で、米国マサチューセッツ州ケンブリッジのチャールズ河の畔りの散歩道兼自転車道の話を書きました。ここは、私がジョギングのために足しげく通っていたところで、広々とした草地の中を通り、眺めていて退屈しない河の景色を楽しめる理想的な散歩道でした。ただここはひとつの大きな欠点がありました。それは河畔にあるため、鴨の４倍か５倍の大きさのカナダガンが何十羽と横行し、散歩道のあちこち、道の両側の草地に大きい糞(フン)を落とすことでした。

　この『省略と倒置』のコラム②を書いて間もなく、ジョギングの場所を、チャールズ河畔から、家から歩いて行ける、町の高校の野外競技場に移しました。この競技場の片側には、かなり交通の激しい道路が走っており、その反対側には、線路があって、自然環境はかなり劣ります。その隣、やはり、高校の敷地の中に、野球場が２つある大きな草地があり、その草地のさらに向こうに大きな池があります。その池にカナダガンがやってきます。そのカナダガンは、草地にもやってきて草を食べていますが、幸いなことに競技場には入ってきません。なぜなら、競技場の中の楕円形の緑のフットボール場は、人口芝生で、カナダガンの食欲をそそらないからです。競技場の走行路は、アンツーカーで弾力があり、足にひびかないので、快適なジョギングができます。

暖かくなると、この競技場を囲む４つの照明塔のてっぺんに、日本のトンビに似た鳥が１羽か２羽とまりにきます。高い照明塔の上にとまっている姿を見ると、それほど大きい鳥とは見えないのですが、照明塔を飛び去る姿を見ると、びっくりするほど大きい翼です。週末の天気のよい日で、何も競技が行なわれていない日などに、やっとハイハイすることができるようになった赤ちゃんを連れた母親や、よちよち歩きの子犬を連れた飼い主がフットボール場の中に入って、日光浴をしている姿をときどき見かけます。母親や飼い主は昼寝です。そんなときに、照明塔の上にこのトンビに似た鳥がとまっていると、急降下してきて、赤ちゃんや子犬を襲うのではないか、と心配になります。競技場や野球場の管理の人に、一体、いつも照明塔の上にとまりに来る鳥は、なんという名前か、赤ちゃんや子犬を襲ったりするようなことはないか、と尋ねたところ、turkey vulture という鳥で、子ねずみは襲って食べるが、人間や犬を襲うことはないから、You'll be all right. と教えてくれました。自分が襲われるとは思っていませんでしたが、それを聞いて、赤ちゃんや子犬が安全なことが分かって、安心しました。

それからは、一度、この鳥が照明塔から急降下して、子ねずみを捕まえるところを見たいものだ、と思いながらジョギングをしていますが、まだ、その幸運に恵まれたことがありません。

　競技場に着いてどの照明塔のてっぺんにもトンビがいないと、がっかりします。同様、とまっているトンビが、その照明塔が死角に入っている間に飛び去っていると、これもがっかりします。というわけで、トンビのことを思いながらジョギングを続けているうちに、ふとトンビと凧が英語で共に kite であることに気がつきました。それでトンビの kite と凧の kite は同じ語源の単語か、それとも同じ綴りの語源を異にする単語かを調べてみることにしました。手元にある *Oxford English Dictionary*（1971）マイクロフィルム印刷版（以下に *OED* と略して参照します）で名詞用法の kite を引くと、タカ科の鳥の項目で、他の印欧語にこれと語源を等しくする単語がなく、タカ科の鳥の意味で記録に残っている最古の用例は、英語の最古の文献 *Corpus glossary*（およそ西暦 725 年）に現われていると書いてあります（【付記 1】参照）。次に kite の凧の意味の項目に目を移すと、冒頭に、この単語がどうして凧の意味で用いられるようになったかの説明として、[From its hovering in the air like the bird　鳥のように空中に舞うことから] という記述があります。この説明によって、kite の凧という意味がトンビの意味から派生したことは明白になりましたが、私にとって、「鳥のように空中に舞うことから」という説明は意外でした。なぜかというと、私は、小学 1 年生のころ（1940 年ごろのことです）、兄が凧をあげに近所の草原に行くのについて行って、皆が凧をあげているのを見たことがありますが、兄の凧も、他の子供たちや大人たちがあげていた凧も、みな縦に長い長方形の凧で、もちろんトンビも凧も空を舞うことには

違いありませんが、凧が鳥に似ているなどと思った記憶はまったくなかったからです。

　それで、まず、ベンジャミン・フランクリンが 1752 年にあげた凧はどんな凧だったかについて、アメリカ人はどんなイメージを持っていたかを調べるため、Google を検索してみました。古い絵も、新しい絵も、漫画風な絵もたくさん出てきましたが、日本式の長方形の凧の絵はひとつもありませんでした。ほとんどすべて、頭でっかちの菱形の絵でした。上を向いた先端が鳥のくちばしで、水平の左右の角が鳥の翼のようだ、と言われてみれば、鳥のような気がしました。これなら、*OED* の「鳥のように空中を舞うことから」も分からないわけではない、と思いました。

　凧は、東方に旅行したマルコポーロが 1295 年にヨーロッパに持ち帰ってヨーロッパでも普及したと言われていますが、マルコポーロが持ち帰った凧は、日本のような縦に長い長方形の凧ではなくて、鳥に似た菱形の凧ではなかったのか、という疑問が起こりました。それで、*OED* は置き去りにして、凧の歴史を調べてみることにしました。

　中国の凧の発明者は、ときに孔子と名を連ねられる中国の思

想家、墨子(ぼくし)(生没年は明らかでありませんが、紀元前468－376年という説があります)ということです(【付記2】参照)。墨子が3年間かけて空にあがる木の骨組みのワシの形の凧を作ることに成功したけれども、一日しか空に留まっていなかった、ということです。墨子は、凧を作る技術を弟子の公輸盤(こうしゅはん)に伝授し、公輸盤は、デザインに改良を加えて、竹の骨組みに絹の布を張った magpie (カササギ)の形の凧を作り、3日間空にあげ続けることに成功した、と伝えられています。(【付記3、4】参照)

　マルコポーロが東方に旅行し中国に滞在したのは、1275年頃から1292年の間ということですが、墨子と公輸盤がその1,600年前に発明、改良した鳥の形の凧が、マルコポーロの中国滞在時にそのまま引き継がれて残っていたかどうかは、定かではありません。また、マルコポーロが凧をヨーロッパに持ち帰ってから、英国に伝わるまで、年月がかかったに違いありませんから、イギリスに伝わった凧が鳥の形をしていたかどうかも定かではありません。

　ここまで調べて、置き去りにしていた *OED* に戻り、そこに記録されている kite ＜凧＞の、記録に残っている最古の用例

を見て、驚きました。下にそれを、*OED* の表記に忠実に示します。

> Samuel Butler, *Hudibras*, 1664.
> As a Boy one night Did flie his Tarsel of a Kite,
> The strangest long-wing'd Hawk that flies
> 「少年の頃、ある晩、彼の極めて奇妙な形をした長い翼をしたタカの凧のハヤブサを飛ばした。」

(*OED* によると、引用文の7番目の単語 flie は fly のスコットランド方言の綴りで、Tarsel は、tercel ＜ハヤブサのオス＞の綴りのヴァリエーションのひとつのようです。)原文では、上の引用文のあとに、The strangest long-wing'd Hawk that flies を修飾する7行にわたる関係代名詞節が続いています。

　Hudibras（ヒューディブラス）は、8音節の連句の長編風刺詩で、イギリスの内乱期（1642-1651）に、王党派に共感する Samuel Butler が、新教徒や、議会派の人たちの偏狭や偽善などを嘲って書いたものです。上記の文は、この詩に登場する Sidrophel といういんちき星占い学者の話しをしている部分からの引用で、タカの凧の記述にも、詩人の軽蔑感がにじみ出ているように思われます。それにもかかわらず、詩人が凧の形のこのような具体的な記述ができたということは、彼が、鳥の凧を実際に見たことがあったことを強く示唆しているように思われます。そうだとすれば、中世の英国にも、鳥の形をした凧を作ってあげる風習があったことが推察できます。これで、凧がなぜ元来トンビを指す kite という単語で呼ばれるようになったかの謎が解けたように思われます。

The man made him die. はなぜ不適格か？

第4章

● 『ジーニアス英和辞典』の記述

　『ジーニアス英和辞典』（第4版、2006: 1185）の使役動詞 make の「語法」欄に次の記述があります（下線は筆者）。

> (1)「S（主語）＋ V（make）＋ O（目的語）＋ do」の do は、<u>O が自分の意志でできる動詞に限る。</u>
> 　＊The man made him die は不可。
> 　ただし、〈物・事〉が主語の場合は可能：
> 　　The accident made him die. 事故が彼の命を奪った。

　(1) の記述は、「S ＋ V（make）＋ O ＋ do（動詞の原形）」パターンをとる make 使役文は、主語（S）が人間の場合、<u>使役内容（＝被使役事象）は、被使役主（目的語の O）が自分の意志でできるものでなければならない</u>、ということを述べています。しかし、これは本当でしょうか。

　まず、(1) の記述では、主語（S）が〈人間〉か〈物・事〉（つまり、〈無生物〉）かの区別がされていますが、目的語（O）に関しては、その区別がされていません。しかし、目的語の「O が自分の意志でできる動詞に限る」ということは、無生物は自らの意志をもたず、そのため、自分の意志で何かをするということはあり得ませんから、O は〈人間〉（あるいは高等動物）であることが前提になっています。したがって (1) は、主語も目的語も〈人

間〉の場合の make 使役文で、使役内容は、被使役主（目的語）が自分の意志でできるものでなければならないと述べています。以下では、これが正しいかどうかを考えたいと思います。また(1)は、主語が〈無生物〉の場合は、使役内容が被使役主（目的語）の意志でできない動詞でもよく、The accident made him die. は適格文だと述べています。本章では、この点についても考えたいと思います。

本論に入る前に、(1) の記述には、O が〈無生物〉で、そのため使役内容がその O の意志ではできない場合について何も述べられていないことを指摘しておきます。このタイプの make 使役文はもちろん可能で、以下にそのような実例をインターネットから示しておきます。

(2) a. Tiger (Woods) made **winning look easy**, but it isn't.
「タイガー（ウッズ）は勝つことが容易であるように見えさせた。しかし勝つことは容易ではない。」

b. But they made **the plane land** in Sweden and the whole plane was searched.
「しかし彼らは、飛行機をスウェーデンに着陸させ、飛行機を隅から隅まで捜索した。」

c. We made **the machine work** properly again.
「私たちはその機械をまたきちんと動くようにした。」

● O（目的語）が自分の意志でできない動詞も現われる

(1) の『ジーニアス英和辞典』の記述に反し、主語が〈人間〉の make 使役文は、次に示すように、〈人間〉である O（目的語）が自分の意志でできない動詞であっても可能です。

(3) a. Consider the Nazi villain in Raiders of the Lost Arc. He makes us **shudder**; he oozes evil.（実例）

「『レイダース／失われたアーク』のナチの悪玉を考えてみよう。彼は、我々をぞっとさせる。彼は悪をにじみだしている。」

b. I can't remember what she says, but she makes me **blush**, and before I know it she takes the picture.（実例）

「彼女が何と言うかは思い出せないけれど、彼女は私を赤面させる。そして、あっという間に写真を撮る。」

(4) a. John made Sue **trip** by sticking his leg out into the aisle.（＝第1章の (4a)）

b. She makes us **feel comfortable and equal**. Also she is a very good instructor.（＝第1章の (11c)）

c. Nursery rhyme（童謡）"Georgie Porgie, Puddin' and Pie" から

Georgie Porgie, Puddin' and Pie,

*Kissed the girls and made them **cry**,*

When the boys came out to play

Georgie Porgie ran away.

みなさんは、これらの例が (4a) を除いて、第1章で観察した make 使役文の「自発使役」の典型例であることにお気づきのことでしょう（第1章の (11a-d) を参照）。つまり、使役主の〈人間〉の言葉や行動が原因となって、使役内容が自発的に起こっています。そして、(3a, b) の shudder（ぞっとする）や blush（(恥ずかしさなどで) 顔を赤らめる）は、被使役主の話し手（たち）が自分の意志ではできない動作を表わしています。(4a, b) の trip（つまずく）や feel comfortable and equal（心地よく感じたり、上下の

差がないと感じる）についても同じことが言えます。また、(4c) の cry（泣く）も、「作り泣き」(「嘘泣き」)ということもありますが、通例は、何か悲しいことがあり、それが原因で泣くため、自分の意志ではできない動作です。(3a, b), (4a-c) が適格だということは、(1) の辞書の記述が妥当でないことを示しています。

そうすると、(1) の *The man made him die. が不適格なのは、die が非意図的事象だからではないということになります。それでは、どうしてこの文は不適格なのでしょうか。

● 母語話者の判断と指摘

私たちは (1) の2文 ((5a, b) として再録) を、複数のネイティヴスピーカー・コンサルタントに示し、適格かどうか判断を求めました。すると、『ジーニアス英和辞典』が不適格文としている (5a) も、適格文としている (5b) も、ともに不適格で、奇妙で変な (weird) 文とのことです。

(5) a. * The man **made** him die.
    b. * The accident **made** him die.

しかし、make X die という表現がすべて不適格というわけではありません。(5a, b) は不適格であるものの、次のような例はまったく適格だと指摘してくれました。

(6) a. **Make Them Die Slowly**
    (White Zombie（ヘビーメタルバンド）のアルバムのタイトル)
    b. George, realizing that Curley will capture Lennie and **make**

him die painfully for what he has done, puts a bullet through Lennie's head as Lennie looks out into the distance… (John Steinbeck の小説 *Of Mice and Men* に関する R. Baird Shuman のエッセイ文。Magill's *Survey of American Literature*, Revised Edition 2007 by Salem Press Inc. から)

「ジョージは、レニーがやったことで、カーレイがレニーを捕まえ、苦しめながら殺すだろうと気づき、(そんな無惨な殺され方をされる前に) レニーが遠くを眺めているすきに、レニーの頭に銃弾を打ち込んだ。」
[レニーは精神的障害があり、ジョージはレニーの世話をしている。二人は友達だが、そんなレニーがカーレイの妻を誤って殺してしまった。]

c. Then, he took a bottle vodka and prepared to funnel it down her throat to **make her die of alcohol poisoning**.
(The Pine Valley Bulletin)
「それから、彼はビン入りのウオッカをとって、彼女をアルコール中毒で死なせるために、彼女の喉に注ぎ込む用意をした。」

(7) a. Long-term unemployment may **make you die sooner**.
「長期間の失業は人を早死にさせるかもしれない。」

b. Will eating meat **make us die younger**?
「肉を食べると早く死ぬのでしょうか。」

(6a-c) の主語は〈人間〉、(7a, b) の主語は〈無生物〉の〈物・事〉で、すべてウェブ上からの引用文です。Make X die のあとに、(6a-c) のように slowly や painfully, of alcohol poisoning, (7a, b) のように sooner や younger のような副詞 (句) をつけると、この

文パターンはまったく適格なものになるとのことでした(【付記】参照)。

(5a, b) がともに不適格なのに、(6a-c) や (7a, b) は、同じ文パターンであるにもかかわらず、どうして適格なのでしょうか。両者はどこが違っているのでしょうか。本章ではこの謎を解きたいと思います。

● Make X die と kill X はどこが違う?

まず、主語が〈無生物〉の (5b) と (7a, b)(以下に再録)の対比から考えてみましょう。

(5) b. * The accident **made** him die.
(7) a. Long-term unemployment may **make** you die sooner.
  b. Will eating meat **make** us die younger?

不適格な (5b) と適格な (7a, b) は、いったいどこが違っているのでしょうか。それは、(5b) では、彼は事故にあってすぐに／間もなく死んだのに対し、(7a, b) では、人は長期間の失業や肉を食べることがずっと続くことで、それらが結果として死を早めると述べています。つまり、前者は、事故が死の直接的な要因ですが、後者は、長期間の失業や肉を食べることが、死に至る間接的、あるいは長期的、累積的な要因となっています。

私たちは第1章で、使役動詞 make が表わす意味を次のように規定しました。

(8) **使役動詞 make が表わす意味**:使役主が使役内容を一方的、必然的に作り出す。

この規定から明らかなように、(7a, b) では、長期間の失業や肉を食べることが、結果的に人が早く死ぬという事象を作り出すことになります。一方 (5b) では、文脈がなければ、事故が結果的に彼の死を作り出したのではなく、事故が直接の原因で彼は死んだと解釈されますから、このような場合、英語では kill という他動詞を用い、次のように表現するのが自然です。

(9) The accident **killed** him.

この点から、make X die と kill X の違いを図示すると、以下のようになります。

(10) make X die

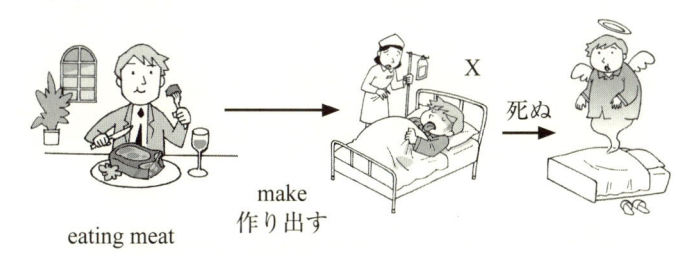

eating meat　　make 作り出す　　X　　死ぬ

Will eating meat make us die younger?

a. 使役主（= eating meat）が X の死を作り出す
b. 使役主は X の死に対して間接的要因となる

(10) から分かるように、make X die の場合は、X が死ぬことと、それを引き起こす使役主とが、いわば同一場面に存在するのではなく、使役主が間接的に X の死を<u>作り出す</u>という意味を表わします。たとえば、「肉を食べること」(使役主) によって、人が早死にするという事象 (使役内容) が生じるような場合です。

一方、kill X の場合は、次の (11) のように、X の死を引き起こす人や要因 (つまり、殺害者や交通事故など) と、X が死ぬのとが、いわば同一場面に存在し、前者が後者の直接の引き金となっています。たとえば、ある人 (使役主) が銃で別の人を撃ってその場で殺すというような場合です。

(11) kill X

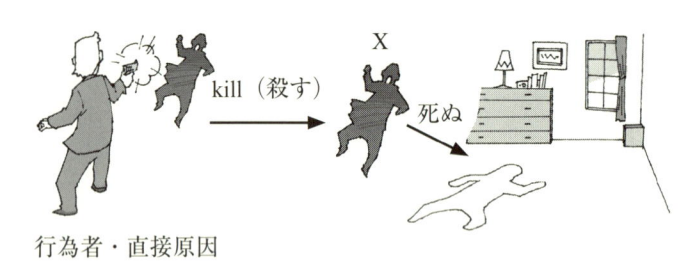

行為者・直接原因

● 主語が〈人間〉の場合

以上の議論から、(5a) (以下に再録) がなぜ不適格なのかが分かります。

(5) a. *The man **made** him die.

この文は、彼が死ぬという事象をその男が間接的に (結果として)

作り出したということを意味しますが、間接的に彼を死なせたという解釈が頭に浮かぶような文脈が何も与えられていませんから不適格となり、母語話者が「奇妙で変な」(weird) 文と判断すると説明することができます。そのため、(9)と同様に他動詞を使って表現するのが一般的です。

（12）　The man **killed** him.

それでは、主語が同じく〈人間〉の (6a-c)（以下に再録）はどうして適格なのでしょうか。

(6) a. **Make Them Die Slowly**
   b. George, realizing that Curley will capture Lennie and **make him die painfully** for what he has done, puts a bullet through Lennie's head as Lennie looks out into the distance…
   c. Then, he took a bottle vodka and prepared to funnel it down her throat to **make her die of alcohol poisoning**.
   (The Pine Valley Bulletin)

(6a) は、副詞 slowly（ゆっくりと）があるため、「彼らがゆっくり死んでいく状況を作り出せ」（彼らをゆっくり死なせろ）と述べており、単に「彼らを殺せ」と言っているのではありません。つまり、彼らの死が瞬時に起こるのではなく、死に至る過程を問題にして、それがゆっくりとしたものになるような状況を作り出せと述べているので、(8) の使役動詞 make が表わす意味に合致して、(6a) は適格となります。(6b) も同様で、副詞 painfully（苦しみながら、苦痛を与えながら）があるので、カーレイがレニー

を即座に殺すのではなく、苦しませながら徐々に死に至らせるような状況を作り出す（たとえば、拷問にかけて苦しませて死に至らせるなど）と述べています。そして、レニーの友達ジョージはそれに気づいたので、それはあまりに残酷で可哀想なため、彼はレニーを苦しませることなく、銃弾を頭に撃って一瞬のうちに射殺するわけです。したがって、(6b) も make の表わす意味に合致しており、適格です。

それでは、(6c) はどうして適格なのでしょうか。もうお分かりのことと思います。この文では、make her die のあとに of alcohol poisoning（「アルコール中毒で」）があるからですね。アルコール中毒になると、即座に死ぬわけではなく、意識レベルが低下し、嘔吐、呼吸状態の悪化、血圧低下、昏睡などの状態となり、これらがさらにひどくなって死に至るわけですから、(6c) も make の表わす意味に合致しており、適格です。

● 結び

本章ではまず、『ジーニアス英和辞典』の次の2文を取り上げ、(5a) が不適格なのは、「死ぬ」というのが、被使役主の意志でできる事柄ではないからだという記述が妥当でないことを観察しました。

(5) a. * The man **made** him die.
    b. * The accident **made** him die.

さらに『ジーニアス英和辞典』では、(5b) は適格とされていますが、母語話者たちは、この文も (5a) と同様に不適格と判断することを述べました。

次に、make 使役文の主語が〈人間〉でも〈無生物〉でも、make X die の文パターンが、(5a, b) と異なり適格な例があることを示し ((6a-c), (7a, b))、この文パターンと他動詞文パターンの kill X の違いを明らかにしました。すなわち、kill X は、X の死が殺害者や事故などによって直接的に引き起こされることを表わし、一方、make X die は、使役主が間接的に X が死に至る過程を作り出すことを表わします。そのため、(5a, b) は、文脈がなければ、他動詞の kill を用いて表現されるのが自然であり、本章で提示した (6a-c), (7a, b) は、第1章で提出した使役動詞 make の表わす意味により、適格となることを説明しました。

Land the plane と make the plane land はどこが違うか？
―語彙的使役と迂言的使役の意味の違い―

第5章

● Land the plane か、make the plane land か？

　いきなり物騒な話で恐縮ですが、日本に向かっていた飛行機がハイジャックされ、別の国に強制着陸させられることになったと仮定しましょう。このニュースがテレビや新聞で報道されるとき、次の２つの文ではどちらが用いられるでしょうか。

(1) a. The hijackers **landed** the plane in another country.
　　 b. The hijackers **made** the plane **land** in another country.

　(1a) の land は、「〈飛行機を〉着陸させる」という意味の他動詞で、この文は他動詞文です。つまり、この他動詞 land は、「飛行機が着陸する」という事象をハイジャッカーが「引き起こした」と述べており、その点で「使役」表現です。一方 (1b) の land は、「〈飛行機が〉着陸する」という意味の自動詞で、ここでは使役動詞の make とともに用いられています。前者のような他動詞は、言語学では、「語彙的使役 (lexical causative) 動詞」と呼ばれ、後者の make や、さらに get, have, let などは、「迂言的使役 (periphrastic causative) 動詞」と呼ばれています。両者の表現はどこが違うのでしょうか（「迂言的」とは、直接的でなく、長い言い回しをするという意味です）。

　上の状況では、(1a) の語彙的使役も (1b) の make を用いた迂言的使役も、どちらも可能です。ただ、両者でその表わす意味

合いが違っています。(1a) と (1b) は、それぞれどのような場合に用いられるのでしょうか。

私たちは前章で、kill X と make X die の違いについて考察しました。そこで明らかにした事柄は、**語彙的使役文と迂言的使役文の違い**一般に関しても言えるのでしょうか。本章では、このような問題を考え、両者がどのような意味をそれぞれ表わし、どのような点で異なるかを考えたいと思います。

● 語彙的使役と迂言的使役の具体例と意味の違い

まず、両者の具体例から考えてみましょう。次の (2a, b) には、どのような意味の違いが見られるでしょうか(【付記1】参照)。

(2) a. John **stood** the child **up**. [語彙的使役]
　　b. John **made** the child **stand up**. [迂言的使役]

(2a) の語彙的使役文は、子供がまだ小さく、自らの力や意志を十分にもたず、ジョンが一方的に自分の力で、直接子供を抱き上げて立たせたと解釈されます。たとえば、子供が自分では立てないぐらい幼かったり、立つのを嫌がったりする場合や、子供が立ちたくても病気で立てないような場合に、ジョンが子供を抱きかかえて一方的に立たせたような状況が考えられます。一方 (2b) の迂言的 make 使役文は、子供が立つのを多少なりとも嫌がっているような状況で、ジョンがその子に「立ちなさい」と言って立たせたと解釈されます。つまり、第1章で考察した「強制使役」の解釈です。したがってその子は、強制された結果、自分の力で立ったと解釈されます。

(2b) で、子供が自分の力で立つというのは、次のような have

や let を用いた迂言的使役文でも同様です。

(3) 　　John **had** / **let** the child **stand up**. ［迂言的使役］

(3) の had の場合は、ジョンが子供に立つよう指示し、その結果、子供が自分の力で立ったことを表わし、let の場合は、子供が立ちたがっているのをジョンが許可したり、放任して、子供が自分の力で立ったことを表わします（第1章の (1)、および久野・高見（2005: 第6、7章を参照)）。

(2a) の語彙的使役文と (2b), (3) の迂言的使役文の意味の違いは、次の2文にも同じように観察されます。

(4) a. 　The nurse **sat** the patient **up**. ［語彙的使役］
　　b. 　The nurse **had** the patient **sit up**. ［迂言的使役］

(4a) の語彙的使役文は、患者が一人では起き上がれず、看護師が患者を抱き起こして座らせたと解釈されます。一方 (4b) の have を用いた迂言的使役文は、看護師が寝ていた患者に座るよう指示し、患者が自らの力で起きて座ったと解釈されます。

ここで、(2a) の語彙的使役文と (2b) の make 使役文の違いをイラストで示してみましょう。

(5) a. 　John **stood** the child **up**. ［語彙的使役］（=2a）

ジョンが直接、子供を抱き上げて立たせる

b.　John **made** the child **stand up**.［迂言的使役］(=2b)

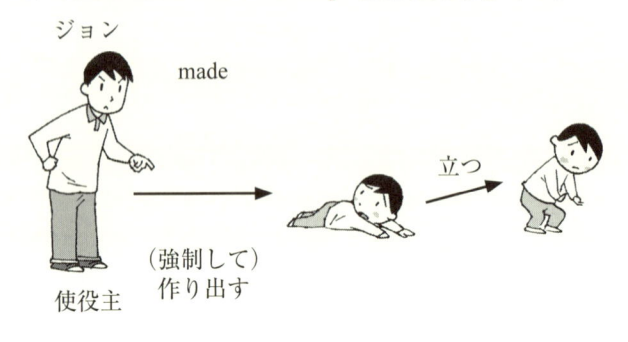

ジョン　　　made

（強制して）作り出す
使役主　　立つ

　　ジョンが子供に立つように言って、間接的に立たせる

上のイラストから分かるように、(5a) の語彙的使役文は、子供が立ち上がるという事象を、ジョンが最も直接的で手っ取り早い方法、つまり、ジョン自身が子供を抱きかかえて立たせたという意味です。これに対して、(5b) の make 使役文は、第1章、第4章で観察したように、ジョンが子供に「立ちなさい」と言葉で強制的に働きかけ、「子供が立つ」という事象を作り出していますから、(5a) と比べると、子供が立つという事象を引き起こす方法が間接的です。つまり、子供が立つという使役内容を生じさせるのに、ジョンは単に「立ちなさい」と言うだけで、あとは子供自身が自分の力で立っていますから、ジョンは間接的な関わり方しかしていません。そしてこの点は、(3)（や (4b)）の have や let を用いた迂言的使役文でも同様です。すなわち、ここではジョンが子供に指示や許可をして、子供が自分で立つという事象を引き起こしているので、この事象の引き起こし方も、(5a) の語彙的使役文の場合と比べると間接的です【付記2】参照）。

　私たちは前章で、語彙的使役文の kill X と、make 使役文の make X die の違いについて考察しました。そしてそこで、前者は、

Xの死が殺害者や事故などによって直接的に引き起こされることを表わし、他方、後者は、使役主が間接的にXが死に至る過程を作り出すことを表わす、という点を明らかにしました。したがって、この違いと、ここで示した語彙的使役文 (2a)(=5a), (4a) と迂言的使役文 (2b)(=5b), (3), (4b) の違いは、基本的に同じであることにみなさんはもうお気づきでしょう。

それではさらに、語彙的使役と迂言的使役の例とその違いを考察し、次の2文を比べてみましょう（久野・高見 (2005: 138)）。

(6) a. The driver **stopped** the car. ［語彙的使役］
　　b. The driver **made** the car **stop**. ［迂言的使役］

(6a) は、ドライバーがどうやって車を止めたかについて何も述べていませんが、車を止める最も直接的で普通の方法は、ブレーキを踏むことです。(6a) の語彙的使役文は、ドライバーがそのようにして車を止めたと解釈されます。一方、(6b) の make 使役文には、ドライバーがブレーキを踏んでも車が止まらなかったので、特別な努力をして別の方法で（たとえば、サイドブレーキを使って）車が止まるようにしたという意味合いがあります。つまり、通常の直接的な方法とは異なり、手間のかかる間接的な方法で車を止めたことになります（【付記3】参照）。

(6a, b) と同じような意味の違いが、次の2文にも見られます。

(7) a. I **opened** the door. ［語彙的使役］
　　b. I finally **got** the door to **open**. ［迂言的使役］

(7a) の語彙的使役文は、話し手がドアを開けるのに最も直接的な普通の方法で、つまりドアノブを回して押し、ドアを開けたと

解釈されます。一方、(7b) の get 使役文には、話し手が<u>苦労・努力の末にやっと</u>ドアを開けることができたという意味合いがあります。たとえば、ドアに鍵がかかっていて、それをヘアピンで何とか開けたり、ドアの反対側に重い物が置かれたり、ドアが湿って膨らんだりして開きにくくなっていたので、力を入れ身体をぶつけてやっと開けたというような状況です。つまり、普通の直接的な方法ではなく、通常とは異なる特殊で手間のかかる、<u>間接的な方法</u>でドアを開けたということになります。

以上の例から、語彙的使役文は、当該の事象を主語（使役主）が直接的に引き起こすことを表わすのに対し、迂言的使役文は、当該の事象を使役主が間接的に引き起こすと言えるので、両者の違いを次のように規定してみましょう。

(8) **語彙的使役と迂言的使役の意味の違い**：語彙的使役は、主語（使役主）が当該事象を<u>直接的に</u>（最も一般的な方法で）引き起こすことを表わし、迂言的使役は、使役主がその事象（使役内容）を<u>間接的に</u>（被使役主に対して強制、指示したり、通常とは異なる特別な手段、方法を用いて）引き起こすことを表わす。

● さらなる例

上の考察は、次のような例の意味の違いも説明することができます。

(9) a.　The driver **started** the car. ［語彙的使役］
　　　「ドライバーは、車のエンジンをかけた。」

b.　The driver **got** the car to **start**. ［迂言的使役］
　　　　「ドライバーは、（やっとのことで）車のエンジンがかかるようにした。」
(10) a.　The traffic officer **stopped** the car. ［語彙的使役］
　　　　「交通整理の警官は、その車を止めた。」
　　b.　The traffic officer **made** the car **stop**. ［迂言的使役］
　　　　「交通整理の警官は、（やっとのことで）その車を止まらせた。」
　　　　　　　　　　　((10a, b) は久野・高見（2005: 138）より)

(9a) の語彙的使役文は、ドライバーが車のエンジンをかけるのに最も直接的な普通の方法で、つまりエンジンのスイッチを回すなどしてかけたと解釈されます。一方 (9b) の get 使役文は、車のエンジンが、たとえばバッテリーがあがってしまってかからず、ドライバーが別の車に助けを求めるなど、<u>苦労や努力をしてエンジンをかけることができた</u>という意味合いがあります。つまり、特別な方法を用いて、手間のかかる間接的な方法でエンジンをかけたことになります。同様に、(10a) の語彙的使役文は、警官が車を止めるのに最も直接的な普通の方法で、つまり、手をあげストップサインを出して、車を止めたと解釈されます。他方、(10b) の make 使役文は、車が止まろうとしなかったので、たとえば、警官が警笛を吹いたり、ドライバーを怒鳴りつけて止まるようにしたという意味合いがあります。つまり、特別な方法を用いて間接的に車を止めたことになります。そして、(9a) と (9b)、(10a) と (10b) のこのような意味の違いは、(8) の仮説で自動的に説明されます（【付記4】参照）。

● (1a, b) の違い

それではここで、本章冒頭で示した (1a, b)（以下に再録）の問題を考えてみましょう。

(1) a. The hijackers **landed** the plane in another country.
b. The hijackers **made** the plane **land** in another country.

ハイジャック犯が飛行機を着陸させる最も<u>直接的な</u>方法は、飛行機を自分達で操縦して着陸させることです。したがって、(1a) の語彙的使役文は、ハイジャック犯が自分達で飛行機を操縦して着陸させたと解釈されます。2001年9月11日に起きた「アメリカ同時多発テロ事件」では、ハイジャック犯の一人が旅客機パイロットの資格を持っていましたし、他のハイジャック犯もアメリカの民間の航空学校（ホフマン飛行機学校）で小型機の運転免許を取得していましたから、ハイジャック犯がハイジャックした航空機を自ら操縦してどこかの空港に着陸させたということは十分考えられます。したがって、(1a) はこのような状況を表わす文として適格です。一方、ハイジャック犯がたとえば人質をとって、パイロットに着陸するよう<u>強制する</u>というような状況は、より一般に考えられることです。そしてこれは、(1b) の make 使役文が表わす意味です。したがって、(1b) もこのような状況を表わす文として適格です。そして、(1a) と (1b) のこのような意味の違いは、(8) の仮説で自動的に説明できます。

第5章 Land the plane と make the plane land はどこが違うか？　89

The hijacker **landed** the plane.　　The hijacker **made** the plane **land**.

　ここで、(1a) の land が「〈飛行機を〉着陸させる」という意味の語彙的使役動詞として用いられるのは、パイロットが普通に飛行機を操縦して、どこかの空港に着陸させる場合にも用いる一般的な用法であることに注意してください。実際、The pilots safely **landed** the plane in another country. のような文は、まったく自然なものですし、たとえば、「ハドソン川の奇跡」として有名な機長チェズレイ・サレンバーガー（Chesley Sullenberger）が、2009年1月15日に乗客乗員155人の乗ったUSエアウエイズ1549便が両エンジン停止状態に陥った際、冷静な判断でニューヨークのハドソン川に不時着を成功させた際、次のように land が語彙的使役動詞として用いられた表現が使われていました。

(11)　Captain Chesley Sullenberger **landed** a crippled US Airways jetliner on the Hudson River.

(11) で、サレンバーガー機長は、両エンジン停止の飛行機を自ら直接的に操縦して着水させたので、直接的な語彙的使役動詞の land が使われているわけです。

　ここで、(1a, b) と同じような次の2文を考え、その意味合いがどのように違っているかを見てみましょう。

(12) a. They **landed** the helicopter in the field.　［語彙的使役］
　　 b. They **had** the helicopter **land** in the field.　［迂言的使役］

(12a) は、主語の「彼ら」がヘリコプターの操縦士、あるいはそのヘリコプターを乗っ取った犯人達だと考えられ、その人達がヘリコプターを操縦して野原に着陸させたと解釈されます。一方 (12b) の have 使役文は、主語の「彼ら」が、たとえば航空管制塔の人達や警察の人達で、その人達がヘリコプターのパイロットに野原にヘリコプターを着陸させるよう無線などで指示して、着陸させたと解釈されます。また、主語の「彼ら」がハイジャッカーたちで、操縦士にピストルを突きつけて、ヘリコプターを着陸させたという解釈もあります。したがって、(12a) と (12b) の違いも、(8) の仮説により説明することができます。

　私たちは前章で、kill X と make X die の意味の違いを考察しましたが、その違いは、もうお分かりのように、本章で考察した land the plane と make the plane land 等の意味の違いと基本的に同じです。したがって、kill X を語彙的使役文、make X die をそれに対応する迂言的使役文と呼ぶことにすれば、(8) の仮説は、kill X と make X die の意味の違いも説明できることになります。

● 日本語の語彙的使役動詞と迂言的「―させる」使役動詞

　本章を終える前に、(8) の仮説は、日本語の語彙的使役動詞と、「自動詞＋させる」という迂言的使役動詞の違いについても当てはまることを、ここで簡単に述べておきましょう（詳細については、高見 (2011: 第4章) を参照）。まず、次の2文を見てください。

(13) a. 救助隊員は、意識のない負傷者をベッドに<u>寝かした／寝かせた</u>。［語彙的使役］
b. *救助隊員は、意識のない負傷者をベッドに<u>寝させた</u>。［迂言的使役］

(13a) の「寝かす／寝かせる」は語彙的使役動詞（他動詞）ですが、(13b) の「寝させる」は、「寝る」という自動詞に（正確には、「寝る」の語幹「寝」(ne-) に）「―させる」という使役を表わす助動詞がついた迂言的使役動詞です（【付記5】参照）。ここで、(13a) の語彙的使役文はまったく自然ですが、(13b) の「―させる」使役文は極めて不自然で、日本語として容認されません。これはなぜでしょうか。

もうお分かりだと思いますが、(13a, b) では、負傷者は意識がないため、自らの力や意志でベッドに横たわることができません。そのため、負傷者がベッドに横たわるには、救助隊員が負傷者を抱きかかえてベッドに移すなど、救助隊員が最も<u>直接的な</u>方法でこの事象を引き起こさなくてはなりません。したがって、語彙的使役動詞の (13a) が用いられ、救助隊員が<u>間接的に</u>関わって、被使役主が自らの力や意志で使役内容を引き起こす (13b) の迂言的使役動詞は用いられません。この違いのため、被使役主が自らの力や意志でベッドに横になるという行為を行なう場合は、「寝させる」が適格となります。

(14) 保健の先生は、頭が痛いと言って保健室にやってきた生徒をベッドに<u>寝させた</u>。［迂言的使役］

頭が痛いと言って保健室にやってきた生徒は、自分の力や意志でベッドに横たわることができます。(14) では、保健の先生がそ

の生徒に、たとえば、「それではしばらくベッドに寝ておきなさい」とだけ言い、生徒が自らベッドに横たわって寝たと解釈されます。

(13a, b) と同様の違いは、次の例でも観察されます。

(15) a. 私は体当たりをして、その男を倒した。[語彙的使役]
　　 b.＊私は体当たりをして、その男を倒れさせた。
　　　　［迂言的使役］

(15a) の「倒す」は語彙的使役動詞ですが、(15b) の「倒れさせた」は、「倒れる」という自動詞に（正確には、「倒れる」の語幹「倒れ」(taore-) に）「─させる」という使役を表わす助動詞がついた迂言的使役動詞です。ここで、(15a) は適格ですが、(15b) は不適格です。その理由は、話し手は自らその男に体当たりをして、直接的にその男を倒しているからです。これに対し、使役主が間接的に関与して、被使役主自身が倒れるという場合は、次のように「倒れさせた」が適格となります。

(16)　監督は、その俳優を打ち合わせどおり、その場面で倒れさせた。[迂言的使役]

(16) では、監督は俳優にその場面で倒れるよう指示し、俳優はその指示や打ち合わせに従って、自らの意志で倒れています。したがって、迂言的使役の「倒れさせた」が適格となります。

　上では、自動詞の「寝る」、「倒れる」に対応する語彙的使役動詞「寝かす／寝かせる」、「倒す」があり、これらの語彙的使役動詞と、これらの自動詞に「─させる」をつけた迂言的使役動詞の「寝させる」、「倒れさせる」を比べ、その違いを観察しました（次

の表を参照)。しかし、自動詞の中には、それに対応する語彙的使役動詞がないものもあります。たとえば、「着陸する」という自動詞には、対応する語彙的使役動詞がなく、使役の意味を表わすには、自動詞の「着陸する」に「―させる」をつけた迂言的使役動詞を用いるしか方法がありません。

(17)

自動詞	語彙的使役動詞	迂言的使役動詞
寝る	寝かす／寝かせる	寝させる
倒れる	倒す	倒れさせる
着陸する	―――――	着陸させる

このような場合には、「―させる」を伴う迂言的使役動詞が、直接的な使役と間接的な使役の両方を表わすことができます。この点を次の例で見ておきましょう。

(18) 彼らは、ハイジャックした航空機を別の空港に<u>着陸させた</u>。

(18)には、彼らが、ハイジャックした航空機を自ら操縦して着陸したという直接的な使役の意味と、パイロットに命令、強制してそのようにしたという間接的な使役の意味の両方があり、曖昧です。

● **結び**

本章では、land, stand up, sit up, stop, open, start のような動詞が、語彙的使役動詞として用いられる場合と、自動詞として、make, get, have, let のような迂言的使役動詞とともに用いられる場合で、

どのような意味の違いがあるかを考察しました。そして、両者の違いを次のように規定し、それぞれの動詞の場合に見られる2つの使役表現の違いを説明しました。

(8) **語彙的使役と迂言的使役の意味の違い**：語彙的使役は、主語（使役主）が当該事象を<u>直接的に</u>（最も一般的な方法で）引き起こすことを表わし、迂言的使役は、使役主がその事象（使役内容）を<u>間接的に</u>（被使役主に対して強制、指示したり、通常とは異なる特別な手段、方法を用いて）引き起こすことを表わす。

そしてまた、(8) で示した語彙的使役と迂言的使役との違いは、前章で示した kill X と make X die の違いも説明できることを示しました。さらに (8) は、日本語においても、語彙的使役動詞と、自動詞に「—させる」という使役を表わす助動詞がついた迂言的使役動詞の違いに当てはまることを、語彙的使役動詞の「寝かす／寝かせる」、「倒す」と、迂言的使役動詞の「寝させる」、「倒れさせる」を例にして説明しました。

Make や get 等を用いた迂言的使役の「迂言的」というのは、英語では、上で触れたように、periphrasis という名詞の形容詞形、periphrastic に当たります。Periphrasis（迂言法、迂言的表現、冗長な表現）は、"use of a longer phrasing in place of a possible shorter form of expression" (*Merriam-Webster's Collegiate Dictionary*, 11th Edition)（短い表現形式の代わりにより長い言い回しを使用すること）という意味で、periphrastic は、表現の仕方が **"indirect** and circumlocutory" (*New Oxford American Dictionary*, 3rd Edition)（<u>間接的で</u>長い言い回しをする）という意味です（太字や下線は筆者）。確かに、迂言的使役は、短い語彙的使役と異なり、長い言い回し

になっていますが、しかし本章で考察したように、それは語彙的使役動詞では表現できない内容を表わしています。つまり、両者はそれぞれの果たすべき役割を担っているわけです。

Persuade 使役構文

第6章

● Persuade someone to-VP（動詞句）構文 （VPはVerb Phraseの略）

次の2つの構文を比べてみましょう。

(1) a. **make** someone VP:
   ［例文］John **made** Mary do it.
  b. **persuade** someone to-VP:
   ［例文］John **persuaded** Mary to do it.

(1a) は、第1章で考察した make 強制使役構文です。『ジーニアス英和辞典』（第4版、2006）では、この構文に「<人・物・事が><人など>に〜させる」という訳がつけられています。一方、(1b) には、同じ『ジーニアス英和辞典』で、「<人が><人>を説得して〜させる」という訳がつけられています。「XがYに〜させる」は使役構文ですから、この日本語訳に基づけば、(1b) も使役構文ということになります。そうすると、強制使役解釈としての例文 (1a) と説得使役解釈としての例文 (1b) の間には、強制か説得かの違いしかないことになります。これは本当でしょうか。

本章では、(1a) と (1b) の間には、強制か説得かの違いだけでなく、重要な違いがあることを示します。そして、(1b) のような persuade を用いた文に関してこれまで言われてきたことが、

実は妥当でなかったことを明らかにしたいと思います。

● 「含意」と「暗意」

上の疑問に答えるために、まず、次の2つの文を比べてみましょう。

(2) a. John **told** Mary to pay the money.
   b. John **made** Mary pay the money.

(=2a)　　　　　　　　(=2b)

(2a) は、*Mary paid the money* が真であるか否かについては、何も言っていません。つまり (2a) は、ジョンがメアリーにお金を払うように言っただけで、その結果、メアリーがお金を払ったかどうかは分かりません。他方、(2b) は、Mary がお金を払ったことを意味しています。その証拠に、(2a) のあとに *Mary paid the money* を否定する文を付加しても適格な文ができますが、(2b) の場合には、不適格な文ができてしまいます。

(3) John **told** Mary to pay the money, but　a. she didn't pay.
　　　　　　　　　　　　　　　　　　　　　 b. she refused to pay.
　　　　　　　　　　　　　　　　　　　　　 c. she forgot to pay.

(4)　John **made** Mary pay the money, but　a.＊she didn't pay.

　　　　　　　　　　　　　　　　　　　　　b.＊she refused to pay.

　　　　　　　　　　　　　　　　　　　　　c.＊she forgot to pay.

　任意の文 S（たとえば (4) の John made Mary pay the money.）が、P（たとえば、Mary paid the money.）を意味し、その P を否定することができなければ、P は S の「含意」(entailment) であると言います。一方、任意の文 S が P を意味していても、その P を否定することができれば、P は S の「暗意」(implication) であると言います。この点を説明するために、たとえば次の文を見てみましょう。

(5)　a.　John has **three** children.　＊As a matter of fact, he doesn't have **any** children.

　　　［含意：打ち消し不可能］

　　b.　John has **three** children.　As a matter of fact, he has **four** children.

　　　［暗意：打ち消し可能］

　(5a) の第 1 文は、「ジョンには子供が 3 人いる」と言っているので、「子供が 1 人いる」、「子供が 2 人いる」というのは、この文に含まれる意味、つまり「含意」で、これを (5a) の第 2 文のように否定することはできません。一方、「ジョンには子供が 3 人いる」と言うと、4 人以上はいないと解釈されるのが普通ですが、これは暗に示唆される意味、つまり「暗意」なので、(5b) の第 2 文のように否定することができます（詳しくは、久野・高見『謎解きの英文法―否定』第 7 章、pp. 129-130 を参照）。

　この点をもとに (4) を見てみると、(4) の前半の節は、P =

Mary paid the money を意味しています。(4) の後半の節 (a-c) は、いずれもこの P を否定するものですが、これらの文はすべて不適格文ですから、*Mary paid the money* は、過去形 make 強制使役文 (2b) の「含意」ということになります。他方、(3) の前半の節は、すでに述べたように、P = *Mary paid the money* について、何も述べていません。したがって、この P は、(2a) の含意でも暗意でもない、ということになります。

英語の過去形使役動詞構文 **caused** someone/something to-VP も、**made** someone VP と同様、"someone VPed"（「誰かが VP の表わす行為をした」）をその含意とします。次の文を見てみましょう。

(6)　＊His sickness **caused** him to lose his job, but to his great relief, he didn't（lose his job）.
　　「＊彼の病気は彼の失職をもたらしたが、彼は、とても安心したことに、失職しなかった。」

(6) の不適格性は、*he lost his job* が、(6) の前半の節の含意であることを示しています。

日本語の迂言的使役構文も、次の例が示すように、埋め込み文を含意とします（【付記 1】参照）。

(7)　太郎は次郎にお金を払わせたが、
　　　　　　　a. ＊次郎は払わなかった。
　　　　　　　b. ＊次郎は払うことを拒否した。
　　　　　　　c. ＊次郎は払うのを忘れてしまった。

(7) の後半の節 (a-c) は、いずれも、前半の節が意味する「次郎がお金を払った」を否定する文です。(7) の 3 つの文がいずれも

不適格文であることは、日本語の過去形迂言的使役構文「＜人₁が＞＜人₂に＞〜させた」が、「人₂が〜した」をその含意とすることを示しています。

● Persuade someone to-VP 構文に関する これまでの説明

それでは、persuade someone to-VP 構文に現われる persuade が、辞書でどのように取り扱われているか、調べてみましょう。*The American Heritage Dictionary of the English Language*（1969, 1970）と *Longman Dictionary of Contemporary English*（1978）の persuade someone to-VP の項を見ると、次の定義が与えられています（太字は筆者）。

(8) a. persuade: to **cause** (someone) to do something by means of argument, reasoning or entreaty.
    (*The American Heritage Dictionary*)
   b. persuade: to **cause** to do something by reasoning, arguing, begging, etc. (*Longman*)

(6) で示したように、cause someone to-VP は、"someone (to-) VP" をその含意としますから、これらの辞書は、persuade someone to-VP 構文が "someone (to-) VP" を含意とする、と定義づけています。

また、言語統計に基づいた辞書として、そして英語学習者の辞書として、定評の高い *Collins Cobuild English Language Dictionary* にも、次の記述があります。

(9) persuade: If someone or something persuades you to do something that you were at first unwilling to do, they **cause** you to do it by giving you a good reason for doing it. (*Collins Cobuild*)

この定義にも cause が用いられていますから、この辞書も persuade someone to-VP は、"someone (to-) VP" をその含意とする、と定義づけていることになります。

英和辞典でも、persuade someone to-VP 構文が "someone (to-) VP" をその含意とすると記述しているものが数多くあります。たとえば、大修館書店の『ジーニアス英和辞典』(第4版、2006)、『ジーニアス英和大辞典』(2001) に、次の記述があります（主語の「人」を「人₁」、目的語の「人」を「人₂」と表記して区別します）。

(10) a. persuade の項：
　　　　[SVO to do] <人₁が> <人₂> を説得して ～させる
　　　　We persuaded her to change the date of the meeting.
　　　　我々は彼女を説得して会議の日程を変更させた。
　　　　【語法】　説得が成功したことを含意
　　b. coax の項の coax someone to-VP についての記述：
　　　　♦ persuade と違って結果までは示さない：
　　　　He coaxed [*persuaded] her to go, but she wouldn't.
　　　　彼女に行くように説得したが行こうとしなかった。

(7) に示したように、日本語の迂言的使役構文「<人₁が> <人₂を> 説得して～させる」は、「人₂が ～する」を含意としますから、(10a) の訳文は、「人₂が ～する」が persuade someone to-VP

の含意であると考えていることになります。(ただし、後ほど述べるように、(10a) の「【語法】 説得が成功したことを含意」という記述は、間違いではない記述です。説得の相手が同意すれば説得に成功したわけですが、相手が何らかの理由で、同意した行為を行なわなかったり、行なえなかった、ということはあり得るからです。) また (10b) の *He persuaded her to go, but she wouldn't が不適格文であるというただし書きも、persuade someone to-VP 構文が "someone (to-) VP" を含意とする、ということを主張しているものだと解釈できます (同様の記述は、他にも『ウィズダム英和辞典』(第3版、2013)、『フェイバリット英和辞典』(第3版、2009) や小西友七 (編)『現代英語語法辞典』(2006) など、数多くの辞典に見られます)。

Persuade someone to-VP の "someone (to-) VP" がこの構文の含意である、という考えは、辞書の定義に限られているわけではありません。英文法書、英語学、言語学の論文にも、同じような記述が様々なところでなされています。たとえば、池上 (1995: 133-134) の『〈英文法〉を考える』では、次のように述べられています。

(11) 英語の 'persuade' と日本語の「説得する」の間には〈意味〉の違いがあることは、学校文法でもよく教える。
　(i) a) John persuaded Mary to come.
　　　b) ジョンはメアリーに来るよう説得した。
　その違いは、a) の英語の表現ではメアリーが来たことが含意されているけれども、b) の日本語の表現ではそうでない。そのため、その後にメアリーは来なかったという主旨の表現を加えると、英語の方の文は矛盾していることを言っていると受け取られるが、日本語の

表現の方は問題にならない。

(ii) a) *John persuaded Mary to come, but she didn't come.
   b) ジョンはメアリーに来るよう説得したが、メアリーは来なかった。

また、Hofmann・影山（1986: 107）でも、次の英語と日本語の文があげられ、同様の説明がなされています（他にも池上（1981: 267-268）等を参照）。

(12) a. *I persuaded my daughter to marry John, but she wouldn't agree.
   b. 娘にジョンと結婚するように説得したが、承知しなかった。

● Persuade someone to-VP は、本当に "someone (to-) VP" を含意するか？

Persuade someone to-VP の "someone (to-) VP" についての上のような記述は、(10b) で示されているように、次のような例文が、通常不適格文と判断されることに起因しているものと推察できます。

(13) John **persuaded** her to go, but a. *she wouldn't. (cf. 10b)
                                     b. *she refused to.

しかし、次の (14), (15) はまったく適格な文です。これは、persuade someone to-VP が "someone (to-) VP" をその含意とする、という考えが、厳密には誤りであることを示しています。

第6章 Persuade 使役構文 105

(14) John **persuaded** her to come to the party, but she forgot to.
「ジョンは、彼女にパーティーに来るよう説得することに成功したが、彼女はそうすることを忘れてしまった。」

(15) His lawyer **persuaded** John to surrender himself to the police immediately, but
「ジョンの弁護士はジョンにすぐ自首するよう説得したが、
   a. he couldn't do so because he had a heart attack on his way to the police station and had to be taken to the hospital.
   ジョンは、警察署に行く途中で心臓麻痺を起こし、病院に連れていかれなければならなくて、そうすることができなかった。」
   b. he changed his mind, and went into hiding.
   彼は考えを変えて、身を隠した。」

(14), (15) の but に続く表現は、いずれも、前半の節の "someone (to-) VP" を否定するものです。(14) はパーティーに行くことに同意したものの、それを失念したことによる不履行、(15a) は、不可抗力による不履行、(15b) は、心変わりによる不履行を表わします。任意の S が P を暗に意味し、後続する文で P を否定することができれば、P は S の含意ではありえませんから、(14) と (15a, b) が適格であるという事実は、(14) の "she came to the party" と (15a, b) の "he surrendered himself to the police" がこれらの文の前半の節の「含意」ではなく、「暗意」に過ぎないことを示しています。

それではどうして、(13a, b) の文の「暗意」である she went は、

否定できないのでしょうか。それは、persuade someone to-VP 構文の暗意が極めて強度の暗意なので、約束不履行の理由を示さないで、同意した行為の不履行を表わす文が現われると、前半の節の強度の暗示とそれを否定する表現との間に矛盾がある、と感じとられ、不適格という判断がされるものと考えられます。

『ジーニアス英和（大）辞典』の「【語法】 説得が成功したことを含意」という記述は、すでに述べたように、間違いではありません。なぜなら、次の (16) に示すように、説得自体には成功しても、相手が同意した行為を行なうことができなかったり、行なうのをやめてしまうような場合があり得るからです。

(16) 　弁護士は、太郎に、すぐ警察に自首するよう説得することに成功したが、太郎は、警察署に向かう途中で心臓麻痺を起こし、自首できないまま、死んでしまった。

つまり、「<人₁が><人₂を>～するよう説得することに成功する」は、「人₂が～する」を強度の暗意とはするものの、それを含意とはしないということになります。したがって、『ジーニアス英和（大）辞典』の「説得が成功したことを含意」という表現は、「<人₁が><人₂を>を説得して ～させる」という訳語と重ね合わせると、「『人₂が～する』を含意する」と解釈される危険を多分に含んでいるので、『(<人₁が><人₂を>を説得することに成功して)「人₂が～する」ことを強く暗示する』のように変えるべきでしょう。

以上の考察から、『ジーニアス英和（大）辞典』が persuade someone to-VP 構文に当てている「<人が><人>を説得して ～させる」という訳は訳しすぎで、厳密には間違いであることが明らかになりました。

同様に、*The American Heritage Dictionary, Longman Dictionary* (1978), *Collins Cobuild Dictionary* がこの構文に一様に付けている to **cause** someone (something) to do something by means of argument, reasoning or entreaty に類する含意を意味する定義も厳密に言えば、間違いということになります(【付記2】参照)。訳語は正確には、to cause someone (something) **to decide to do something** by means of argument, reasoning or entreaty であるべきです。(なぜなら、誰かに何かをすることを決心させても、その人は、失念、不可抗力、あるいは心変わりでそのことを行なわない蓋然性を残しているからです。) あるいは、この定義と、to cause someone (something) to do something by means of argument, etc. の2つを併記すべきです。実際、*Longman Dictionary of Contemporary English* の第2版 (1987) では、persuade は、"to make (someone) **willing to do something** by reasoning, arguing, repeatedly asking, etc." と定義され、第3版 (1995) 以降は、現在の第5版 (2009) まで、"**to make someone decide to do something,** especially by giving them reasons why they should do it, or asking them many times to do it" のように定義され、ともに正しい定義になっています (【付記3】参照)。

ここで、念のため、(14) と (15a, b) のような例を用いて、make someone VP と cause someone to-VP 構文の "someone (to) VP" が、失念、不可抗力、あるいは心変わりによって実行できなかったような状況で、適格文か不適格文かを確かめてみましょう。もし適格文なら、これらの構文と persuade someone to-VP 構文との間に含意か暗意かについての違いがないことになるからです。次の文を参照してください。

(17) a. *John **made** Mary pay the money, but she forgot to. (失念)
　　　「*ジョンはメアリーにお金を払わせたが、彼女は払

うのを忘れてしまった。」

b. *The lawyer **made** John surrender himself to the police immediately, but he couldn't do so because he had a heart attack on his way to the police station and had to be taken to the hospital. （不可抗力）

「*ジョンの弁護士は、ジョンにすぐ自首させたが、ジョンは警察署に行く途中で心臓麻痺を起こし、病院に連れていかれなければならなくて、そうすることができなかった。」

c. *John **made** Mary pay the money, but she changed her mind and didn't pay. （心変わり）

「*ジョンはメアリーにお金を払わせたが、彼女は考えを変えて払わなかった。」

(17a-c) は、すべて不適格文です。これで、make 使役構文と persuade someone to-VP 構文との間に、"someone (to-) VP" が含意を表わすか暗意を表わすかについて、重要な違いがあることがはっきりしました。すなわち、make 使役構文の "someone VP" は「含意」を表わし、persuade 使役構文は「暗意」を表わす、という違いです。

同様、次の文を参照してください。

(18) a. *Mary's arrival **caused** John to cancel his appointment, but he forgot to. （失念）

「*（直訳）メアリーがやってきたことが、ジョンに約束をキャンセルさせたが、彼は約束をキャンセルするのを忘れてしまった。」

b. *His accomplice's arrest **caused** John to surrender himself to the police immediately, but he couldn't do so because he had a heart attack on his way to the police station and had to be taken to the hospital. (不可抗力)

「*(直訳)ジョンの共犯者の逮捕が、ジョンを自首させたが、警察署に行く途中で心臓麻痺を起こし、病院に連れていかれなければならなくて、ジョンは、そうすることができなかった。」

c. *The arrest of his accomplice **caused** John to surrender himself to the police immediately, but he changed his mind and went into hiding. (心変わり)

「*(直訳)ジョンの共犯者の逮捕が、ジョンを自首させたが、彼は考えを変えて身を隠した。」

(18a-c)は、すべて不適格文です。これで、**cause** someone to-VP 使役構文の "someone (to-) VP" も、「含意」を表わすことがはっきりしました。また、(18a-c)の直訳文がすべて不適格であることは、「<人$_1$が><人$_2$に> 〜させる」という日本語の迂言的使役表現が、失念、不可抗力、心変わりという条件のもとでも「<人$_2$が> 〜する」の否定を許さないことを示し、それがこの構文の含意であることを示しています。

● Coax someone to VP と Coax someone into VPing

「人をなだめすかせて説得する」という意味の他動詞 coax も、coax someone to-VP 構文に用いられます。(10b)ですでに触れたように、『ジーニアス英和辞典』は、例文(19)が適格であることを示して、coax someone to-VP 構文の "someone (to-) VP" がこ

の構文の含意ではないことを示しています。

(19) He **coaxed** her to go, but she wouldn't.
「彼は彼女に行くようなだめすかせて説得したが、行こうとしなかった。」

Coax は、coax someone into VPing 構文にも現われます（【付記4】参照）。

(20) John **coaxed** Mary into breaking up with Bill.
「ジョンはメアリーに、ビルと別れるようなだめすかせて説得した。」

この構文の "someone (into) VP (ing)" は、その暗意でしょうか、それとも含意でしょうか。次の文を見てください。訳文には、この構文の訳として、暫定的に「なだめすかせて説得する」を用います。

(21) a. *John **coaxed** Mary into calling Bill up and telling him that it was all over, but she forgot to. （失念）
「ジョンはメアリーに、ビルに電話をしてすべて終わったと言うようなだめすかせて説得したが、彼女はそうするのを忘れてしまった。」

b. *The lawyer **coaxed** John into surrendering himself to the police immediately, but he couldn't do so because he got into a traffic accident on his way to the police station, and had to be taken to the hospital. （不可抗力）
「弁護士はジョンをすぐに自首するようなだめすかせ

て説得したが、ジョンは警察署へ行く途中、交通事故にあって病院に連れていかれなければならなくて、そうすることができなかった。」

c. *John **coaxed** Mary into breaking up with Bill, but she changed her mind, and told John that she couldn't do so.（心変わり）
「ジョンはメアリーにビルと別れるよう、なだめすかせて説得したが、彼女は考えを変えて、ジョンにビルと別れることができないと言った。」

(21a-c) の英文はすべて不適格です。したがって、coax someone into VPing 構文の "someone (into) VP (ing)" は、この構文の「含意」ということになります。したがって、(20)（以下に (22a) として再録）は、メアリーがジョンに説得されて、ビルと別れたということを含意しており、そうでなければ、たとえば (22b) のように言わなければなりません。

(22) a. John **coaxed** Mary into breaking up with Bill. (=20)
b. John **tried to coax** Mary into breaking up with Bill.

ですから、coax someone into VPing 構文の訳は、(21a-c) の日本語訳で用いた「なだめすかせて説得する」は誤訳で、「なだめすかせて説得して〜させる」であるべきだ、ということになります。

● 結び

私たちは本章で、次のような make 使役構文と persuade 使役構文の間には、重要な意味の違いがあることを明らかにしました。

(23) a. John **made** Mary come to the party.
　　b. John **persuaded** Mary to come to the party.

すなわち、(23a) は、メアリーが実際にパーティーに来たことを意味するのに対し、(23b) は、必ずしもそのようなことまでは意味しません。言い換えれば、Mary came to the party. は、(23a) では「含意」であるのに対し、(23b) では「暗意」です。そのため、(23a, b) のあとにメアリーがパーティーに来たことを否定するような文を続けると、(24a) は不適格となるのに対し、(24b) は適格となります。

(24) a. *John **made** Mary come to the party, but she forgot to.
　　b. John **persuaded** Mary to come to the party, but she forgot to. (cf. 14)

従来、persuade 使役構文は、説得が成功し、相手が説得された行為を行なったことを意味すると言われてきましたが、これは厳密には間違いであることが、本章の考察から明らかとなりました。また本章では、cause 使役構文は、make 使役構文と同様に、"someone (to-) VP" がこの構文の「含意」であること、さらに、coax someone to VP と coax someone into VPing の間にも違いがあり、前者は、"someone (to-) VP" を「暗意」とするのに対し、後者は、"someone (into) VP(ing)" を「含意」とすることも明らかになりました。

コラム②

I have a temperature. は間違いか？

　日本語では、私たちは普段より熱が高く、体調が思わしくない場合に、「私は今日、<u>熱がある</u>」のように表現します。私たちはみんな、普通 36 ℃ 台の平熱があるにもかかわらず、普段より熱が高いことを、単に「熱がある」と言うのは面白い表現ですが（この点は後で詳述します）、英語でも同じように言えるのでしょうか。つまり、表題の I have a temperature. のように言えるのでしょうか。

　『ジーニアス英和辞典』（第4版、2006）の fever の項目（p. 728）で、fever と temperature の「類語比較」の解説が次のように示されており、*I have a temperature.（熱があります）とは言えないと書かれています（(1) の記述を見やすくするため、例文の前に (a), (b), … を挿入し、(1c) の例を太字にしています）。

> (1) 類語比較 [fever と temperature]
> fever は発熱（状態）、temperature は体温をいう：
> a. What's your temperature [× fever]?
> 熱は何度ですか。
> b. I have a temperature [× fever] of 38.3.
> 38度3分あります。
> c. **I have a fever [× temperature].**
> 熱があります。
> d. check [take] one's temperature [× fever].
> 熱を（計って）みる。ただし、I have a high fever [temperature]（高い熱がある）の場合は、交換して用いることができる。

『ジーニアス英和辞典』の（1）の解説によると、temperature は「体温」のことをいうので、What's **your** temperature? や I have a temperature **of 38.3.**、I have a **high** temperature. のように、何らかの修飾語句を伴う必要があり、単に I have a temperature. だと（「*私は体温がある」ということになってしまうので）、用いられないとなっています。そして、日本語の「私は熱がある」に相当する英語は、temperature ではなく、fever を用いて、I have a fever. と言わなければならないと書かれています。しかし、これは本当でしょうか。

　Leech (2004) の *Meaning and the English Verb*（第3版）は、英語の時制や相（アスペクト）、can や may, must などの法助動詞を分かりやすく解説し、日本でも幅広く読まれている本ですが、その79ページに次の例があります。

　(2)　　Her head is hot and clammy: she must **have a**

temperature.
「彼女のおでこ、熱くてじっとりしている。熱があるに違いない。」

ここで Leech は、「熱がある」に対して、She has a temperature. を用いています。

また、グーグルで検索してみると、次のような表現がたくさんあります。

(3) a. She **had a temperature** and wasn't feeling well.
    b. I **had a temperature** yesterday and my face was really hot.
    c. Poor baby **had a temperature** last night.
    d. All day yesterday he **had a temperature**, but was acting normally.

私たちはさらに、私たちのネイティヴスピーカー・コンサルタントに、熱がある場合に I have a temperature. という表現を用いるか尋ねてみました。するとみな一様に、このように表現するとのことで、まったく自然だとの反応が返ってきました。そのうちの一人の回答を以下に示しておきます。

(4)　"I think I have a temperature."（私、熱があると思う）と言うのは、まったく自然です。実際、"I think I have a fever." もまったく自然ですが、少なくとも私には、"I think I have a temperature." の方が普通です。どちらの文も、平熱より高い熱が

あることを表わします。

　以上のことから、「熱がある」という場合に、英語でも I have a temperature. と言え、(1)の記述は、残念ながら間違いということが分かりました。余談ですが、この話を授業でしたら、ある学生が、高校生のとき、「熱がある」という英訳で、I have a (　　　). となっており、そこに temperature を入れたら、×にされたと話してくれました。その先生は、(1)の記述をその答えの拠り所とされたのかも知れませんが、母語でない言葉を教えるというのは、本当に難しいことだと改めて思いました。

　それでは、平熱より高い熱があるときに、どうして単に「熱がある」や I have a temperature. と言えるのでしょうか。実は、このような表現は他にも多くあります。たとえば、「花」には、「桜、バラ、コスモス、水仙、…」とたくさんありますが、「花見に行く」という場合の「花」は、「桜」を指しており、「バラ」や「コスモス」を見に行くわけではありません。また、「天気」には、「晴れ、雨、曇り、雪、…」といろいろありますが、「♪照る照る坊主、照る坊主、あした天気にしておくれ♪」という場合の「天気」は、「雨」や「曇り」ではなく、「晴れ」を指しています。つまり、次に示すように、上位概念（類）と下位概念（種）の間で、指示がずれています。このような指示のズレは、「シネクドキ」（synecdoche）（提喩）と呼ばれるレトリックのひとつです。

(5) a.　　　花　　　　　　　　b.　　　天気
　　　／／＼＼　　　　　　　　　　／／＼＼
　　桜　バラ　コスモス　水仙…　　晴れ　雨　曇り　雪…

(5a)で、下位概念の「桜」は、日本では上位概念の「花」のいわば代表であり、(5b)でも、下位概念の「晴れ」は、上位概念の「天気」の代表で、人々が最も好み、最も際立ったものです。このような場合に、「花」や「天気」のような上位概念を表面的には指示して、実はその代表で最も際立った「桜」や「晴れ」の下位概念を指し、指示をずらすのが、シネクドキ(提喩)です。そうすると、もうお気づきのことと思いますが、「熱がある」も次に示すように、「熱」という上位概念を指しているものの、実際には、その下位概念の「平熱」や「平熱以下の熱」を指すのではなく、その場の状況で最も関連があり、際立っている「高熱」や「平熱以上の熱」を指すことになります。

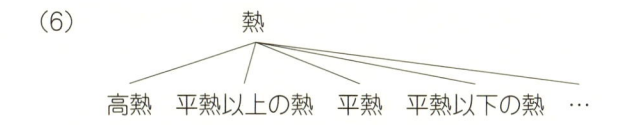

(6)　　　　　　　　熱
　　　　　┌────┬────┬────┐
　　　高熱　平熱以上の熱　平熱　平熱以下の熱　…

そしてこの点は、日本語と英語で共通しているということになります。

　シネクドキ(提喩)には、上で示した場合とは逆に、下位概念でもって上位概念を指す場合もあります。たとえば、「お茶にしましょう」と言うときの「お茶」は、純粋に日本茶のみを意味するわけではなく、コーヒーや紅茶、ジュース等、飲み物一般を意味しますし、「お酒、飲めますか」と言う場合の「お酒」は、単に日本酒だけでなく、ビールやワイン等、アルコール類一般を指します。

(7) a. 飲み物　　　　　　　　b. アルコール飲料

　　お茶　コーヒー　紅茶　ジュース…　　酒　ビール　ワイン…

　英語でも、次のような表現やことわざの bread, Hiroshimas は、下位概念で上位概念を指示するシネクドキ（提喩）表現です。

(8) a. earn one's **bread**　「パンを稼ぐ」
　　b. Man does not live by **bread** alone. （ことわざ）
　　　「人はパンのみに生きるにあらず」（生きるには、食べ物だけでなく、精神的要求（心）も満たされなければならない。）
　　c. No more **Hiroshimas**.
　　　「広島のような悲劇はもういらない。」

(8a, b) の bread は、「食べ物」の下位概念の代表でもって、その上位概念の「食べ物」一般を指しています。また (8c) の Hiroshimas は、「原爆によって破壊される可能性のある都市」を上位概念とし、実際にそうなった広島をその代表的な下位概念として、それを用いることで上位概念を指しています。

　以上、このコラムでは、I have a temperature. という表現は、日本語の「熱がある」に対応する適格な表現であり、(1) の『ジーニアス英和辞典』の記述は妥当でないことを示しました。そしてこの表現は、「熱」という上位概念で、実は、「平熱以上の熱」や「高熱」という下位概念を表わす、シネクドキ（提喩）と呼ばれるレトリック表現のひとつであることを説明しました。

Let 使役文は本当に受身にならないか？

第7章

● 使役動詞 let とその受身形

使役動詞の let は、次のように、[SVO +動詞の原形] の形をとり、「(望み通り)～させる、～することを許可する」という、「許容・許可」の意味を表わすことは、みなさんご存知でしょう。

(1) a. My parents **let** me go to the concert.
「両親は私にそのコンサートへ行かせてくれた。」
b. Some people **let** their kids do anything they like.
「親の中には、子供に何でも好き勝手をさせる人がいる。」
c. I will **let** you know more in detail by Saturday.
「土曜日までにもっと詳しいことをお知らせします。」

(1a) は、話し手がコンサートに行くことを望み、両親がそれを許可したことを表わしています。(1b) も同様です。また (1c) は、聞き手が詳細について聞きたいような状況で、話し手がそれを土曜日までに知らせましょうと述べています。

(1a-c) の目的語は、me, their kids, you で、すべて人間ですが、「許容・許可」の意味を表わす let の目的語は、次のように無生物であっても構いません。

(2) a. The chair **let this topic** be brought up for discussion.

「議長は、この話題を討議のために取り上げることを許可した。」
b. South Asian countries urged not to **let their beaches** be used as dumping grounds. (実例)
「南アジア諸国は、自分たちの海岸をゴミ捨て場として使用させはしないと強く主張した。」

(2a, b) の let も、「許容・許可」の意味を表わし、これらの文の目的語は、無生物の this topic, their beaches ですが、どちらも適格な英文です。

ここで注意すべきことは、let は、「許容・許可」の意味だけでなく、「〈人が〉～するがままにさせる、〈物が〉～なるがままにする」という、「放任・放置」の意味も表わすという点です。したがって、たとえば (1a) には、話し手がコンサートに行くのを両親が黙認し、勝手に行かせたという意味もあります。同様に (1b) には、親の中には子供にしたい放題させて、禁止も許可も与えず、何もしないで放っておく親もいるという意味もあります。

Let が表わす上のような意味は、同じく使役動詞の make が表わす意味とは極めて対照的です。次の2文を見てみましょう。

(3) a. He **let** me go. [許容・放任]
   b. He **made** me go. [強制]

(3a) は、話し手が行きたがっていたのを、彼が (許可を与えたり、黙認したりして) 行かせてくれた、という意味ですが、(3b) は、話し手が行きたくなかったのを、その意志に反して、彼が強制的に無理やり行かせた、という意味を表わしています。

さて、ここで (3a, b) を受身文にすると、make は受身文になりますが、let は受身文にはなりません（『ジーニアス英和辞典』第4版 (2006: 1185) の make の「語法」欄等を参照）。

(4) a. *I was **let** (to) go (by him).
    b. I was **made** to go (by him).

使役動詞の make が受身になると to をとり、(4b) は、「私は（彼に）（強制的に）行かされた」という意味で、まったく自然な適格文です。しかし、let を (4a) のように受身にすると、to の有無にかかわらず不適格文となります。

同じことは (1a-c) や (2a, b) についても言え、これらの文を受身文にすると、次のように不適格となります。

(5) a. *I was **let** (to) go to the concert by my parents.
    b. *Some kids are **let** (to) do anything they like by their parents.
    c. *You will be **let** (to) know more in detail by Saturday.
    d. *This topic was **let** (to) be brought up for discussion by the chair.

(5a, b) の let は、上で述べたように、「許容」と「放任」の2つの解釈が可能ですが、どちらの解釈でも、これらの受身文は不適格です。したがって、これらの事実から、let は受身文にはならないと言えそうです。

実際、使役動詞の let が受身文にならないという点は、多くの文献や辞書で指摘されています。たとえば、Palmer (1987: 195) や Declerck (1999: 488), Swan (2005: 35) は、次の不適格文を示し、

let は通例、受身では用いられず、be allowed to ..., be permitted to ... を用いて表現されなければならないと述べています(【付記1】参照)。

(6) a. *They were **let** (to) stay a while. (Palmer 1987: 195)
   (cf. They were **allowed** to stay a while.)
   b. *I wasn't **let** to enter the church because my dress had no sleeves. (Declerck 1999: 488)
   (cf. I wasn't **allowed** to enter the church ....)
   c. *I wasn't **let** to pay for the drinks. (Swan 2005: 35)
   (cf. I wasn't **allowed** to pay for the drinks.)

(6a-c)は不適格で、たとえば(6a)だと、They were **allowed** to stay a while. のように表現されなければいけません。ここで、allow には、「許可する」という意味だけでなく、「黙認する、〜させておく」という意味もあることに注意してください。つまり allow には、let と同じように、「許容」と「放任」の意味があります。したがって、They were **allowed** to stay a while. は、「彼らはしばらく留まることを許可された/黙認された」という両方の解釈が可能です(ただ(6b, c)では、let や allow が、文脈から「許容」の意味を表わしていると解釈されます)。

さらに *Collins COBUILD English Usage* (2004: 271)には、次のような注意書きがあります(同様の記述が、Biber et al. (1999: 481)や Eastwood (1994: 139), Close (1975: 229)にも見られます)。

(7) WARNING: There is no passive of *let*. You do not say, for example, 'He was let go' or 'He was let to go'. If you want to use a passive form, you use a different verb, such as

allow or *permit*.

「注意：let の受身はありません。たとえば、'He was let go' とか 'He was let to go' のようには言えません。受身形を使いたいのなら、allow や permit のような違う動詞を用います。」

a. Perhaps when he grew up he would be **allowed** to do as he pleased.
「多分、彼は大きくなったら、好きなようにすることを許されるだろう。」

b. She was the only prisoner **permitted** to enter my cell.
「彼女は、私の独房に入るのを許されたただひとりの囚人だった。」

同じことは、英英辞典や英和辞典でも述べられていますので、ここでは次の2つの辞典の記述を見てみましょう（他にも『ジーニアス英和辞典』第4版（2006: 1125）、小西（編）『英語基本動詞辞典』（1980: 36, 858）、*Longman Dictionary of Contemporary English*（第5版 2009: 1000）等を参照）。

(8) 『フェイバリット英和辞典』（第3版　2005: 912）
［let と受身］受身にする場合は、be let ではなく、be allowed や be permitted を用いる。// I was allowed to go. 行くことを許された。

(9) 『ウィズダム英和辞典』（第3版　2013: 1103）
「let A do の受身」A を主語にした A is let (to) do という形の受身形は一般には用いず、同じ意味は A is allowed to do などで表わす。

したがって、(4a) や (5a-d) の不適格文は、たとえば次のように、be allowed / permitted to ... を用いて表現されなければならないということになります。

(10) a. I was **allowed** to go to the concert by my parents. (cf. 5a)
　　 b. This topic was **allowed / permitted** to be brought up for discussion by the chair. (cf. 5d)

以上のように、使役動詞の let は受身形にはできず、受身にする場合は、(10a, b) のように表現されなければならないという点は、何人もの人がこれまで指摘し、文法書や辞書にも記載されているため、正しいものとして広く浸透しているものと思われます。

● Let は本当に受身にならないか？

しかし、let は本当に受身にならないのでしょうか。次の文を見てください。

(11) a. He **was let die** in a ditch and was buried by the parish.
　　　　「彼は排水溝で死に至らされ、教区の人によって埋葬された。」
　　 b. Some babies born very early must **be let die**, say experts. (Headline in the Irish Independence)
　　　　「あまりに早産の赤ちゃんは死なせてあげなければならない、と専門家は言う。」
　　 c. The reason Bruce **was let live** was to provide Moxon with an alibi.

「ブルースが生かされた理由は、モクソンにアリバイを与えるためだった。」

これらの文は、いずれもインターネットからの実例で、let が受身形で用いられています。そして、母語話者にも適格との確認を得たものです。ここで、let の受身文は、make の受身文と違って、to が入っていないことに注意してください。

(11a-c) では、let 使役受身文の主語が〈人間〉ですが、〈無生物〉であっても、次のように適格な文が多くあります。(12a) は我々の作例で、(12b-g) はインターネットからの実例ですが、いずれも私たちのネイティヴスピーカー・コンサルタントが適格と判断したものです。

(12) a. The flowers **were let droop** by Mary.
「その花はメアリーに（水をやらなかったりしたため）しおれさせられてしまった。」

b. It is claimed the wire **was let droop** in a careless and dangerous way across the public highway. (West Virginian newspaper)
「電線が幹線道路をまたぎ、注意が払われない危険な状態で垂れ下がっていたという通報がなされている。」

c. I'm sick of hearing this shit that our economy would only melt down if some of these banks **were let fail**.
「これらの銀行のいくつかを倒産するがままにしてしまったら、我々の経済は崩壊するだけだろうなんてたわごとを聞くのはもううんざりだ。」

d. The matter **was let drop** at this point.
「その件はここで終わりとされた。」

e. He's right, this horrific situation cannot **be let rest** until justice is done.
「彼の言う通りだ。このひどい状況を、天罰が下るまでそのままにしておくことはできない。」

f. These bodies **were let lie** for several days after death, before being prepared for mummification.
「これらの死体は、ミイラ化する準備の前に、死後数日、置いたままにされた。」

g. The finished dough **was let rise** according to the usual methods at 28℃ for 60 minutes.
「仕上げたパン生地は、28度で60分間普通のやり方でふくらませ（られ）た。」

ここで念のため、(12a-g) で用いられている動詞の意味を示しておきます。(12a, b) の droop は、「〈花などが〉しおれる、垂れる」、(12c) の fail は、「〈事業などが〉倒産する」、(12d) の drop は、「〈ある事が〉やめになる」、(12e) の rest は、「〈問題などが〉そのままにされる、そのままの状態に留まる」、(12f) の lie は、「〈物が〉…に置かれている、ある」、(12g) の rise は、「〈パンなどが〉（イースト菌などで）ふくれる」という意味で、すべて自動詞です。

(12a-g) でも、let とそのあとの原形動詞の間に to がないことに注意してください。私たちのネイティヴスピーカー・コンサルタントによれば、let は能動文だけでなく、受身文でも to を伴わず、もし to があれば、どこかの方言では使われるかもしれないが、外国語のような感じがして、まったく容認できないとのことです。

さらに次のような受身文も、主語が (12a-g) と同様に〈無生物〉で、まったく適格なものです。

(13) a. The gloss paint **was let dry** several days and then it was time for the metallic colors.

「つや出し仕上げ用塗料は数日乾かされ、その後メタリック・カラーの出番となった。」

b. The adhesive **was let set** for a day or so and then low heat and pressure were applied to adhere the paint to the wood.

「接着剤は1日ぐらい固まらせておいて、それから塗料を木に付着させるために、少し熱を加え軽く押さえた。」

c. An arrow **was let fly** and lodged in my shoulder, and a second nearly hit my back as I tried to get away.

「1本の矢が放たれ、私の肩に刺さった。そして私が逃げようとしたとき、2本目の矢があやうく私の背中に当たりそうになった。」

d. But even these studies **were let lapse** when they discovered that they could never duplicate Ancient masonry.

「彼らが古代石造技術を再現することができないと気づいたとき、このような研究さえ断ち切れにされた。」

(13b) の set は、「〈液体などが〉固まる、凝固する」という意味の自動詞、(13d) の lapse は、「〈習慣や権利などが〉消滅する」という意味の自動詞です（【付記2】参照）。

Let 使役受身文のその他の適格な例は後ほど紹介しますが、このような適格文が多くあるという事実は、これまで let が受身にならないと言われてきたことが妥当ではなかったことを示しています。それでは、不適格な (4a), (5a-d), (6a-c) と適格な (11a-c), (12a-g), (13a-d) の違いは何でしょうか。そして、let 使役受身文はどのような場合に適格となるのでしょうか。本章ではこのよ

うな謎を解きたいと思います。

　次節へ進む前に、ここで Quirk et al. (1985: 1205) の let に関する記述に触れておきたいと思います。上で、多くの文献が、let は受身にならないと述べていることを紹介しましたが、Quirk et al. は、「let の受身文は、let go, let fall などの「固定した」(fixed) 表現に許される」と述べています。Let go は「熟語」で、release, つまり「〈人を〉自由にする、解放する、釈放する；〈つかんでいる人・物を〉離す」という意味や、lay off / fire, つまり「《遠回しに》〈従業員を〉（一時）解雇する」という意味で用いられ、let fall も、drop, つまり「～を落とす」という意味で用いられます。したがって、これらは、let と go や fall が、それぞれ独立した動詞というより、let go や let fall で一語の固定した (frozen / fixed) 動詞と考えた方がいいように思われます。そのため、これらの表現は、次のように受身文で用いられます（いずれも実例）。

(14) a. On the same day he **was let go** by local police in Boston.
「同じ日に彼はボストンの地元警察により釈放された。」

b. These people are to be totally and perpetually free and are to **be let go**.
「この人々［奴隷達］は完全にそして永久に自由になり、解放されなければならない。」

c. My hand **was let go** and I could hear the door closing quietly.
「私の手が離され、ドアが静かに閉まる音が聞こえた。」

d. At my wife's workplace, some of her co-workers **were let go**.

「妻の職場では、何人かの同僚が解雇されました。」
e. The liquid must **be let fall** on a rather broad strip of paper.
「その液体はかなり幅の広い細長い紙切れの上に落とされなければならない。」

(14a-e) のような受身文は、Quirk et al.（1985: 1205）が指摘する通り、let go や let fall が、release や lay off, drop にあたる固定表現ですから、受身文になるのはむしろ当然のことと言えます。そのため、本章で考察しようとしている let 使役受身文とは異なるので、以下ではこのような受身文は、これ以上考察しないことにします。

ただ、ここで重要なことは、let の受身文は、Quirk et al.（1985: 1205）の指摘とは異なり、(14a-e) のような「固定した」表現に限られるわけではないという点です。以下でも示しますが、let の受身文は、すでに (11a-c), (12a-g), (13a-d) で見たように、かなり生産的に用いられていることが分かります。

● 非意図的動詞のみ受身文になるのでは？

(11a-c), (12a-g), (13a-d) の適格な let 使役受身文で、どのような動詞が用いられているか、ここで列挙してみましょう。

(15) a. die（〈人が〉死ぬ）(11a, b)
  b. live（〈人が〉生きる、生き延びる）(11c)
  c. droop（〈花が〉しおれる、〈電線が〉垂れ下がる）(12a, b)
  d. fail（〈銀行が〉倒産する）(12c)
  e. drop（〈話が〉やめになる）(12d)

f.　rest（〈問題などが〉そのままにされる）（12e）
　　g.　lie（〈死体などが〉置かれている）（12f）
　　h.　rise（〈パンなどが〉ふくれる）（12g）
　　i.　dry（〈塗料などが〉乾く）（13a）
　　j.　set（〈液体などが〉固まる）（13b）
　　k.　fly（〈矢が〉飛ぶ）（13c）
　　l.　lapse（〈習慣や権利などが〉消滅する）（13d）

　これらの動詞はいずれも自動詞で、主語の非意図的事象を表わす「非意図的動詞」であることに気がつきます。そして、主語の意図的行為を表わす動詞や、さらに他動詞は、本章冒頭の節で観察したように（以下にその数例を再録）、let 使役受身文が不適格となります。(【付記3】参照)

(5) a. *I was let (to) **go to the concert** by my parents.
　　　　（意図的動詞）
　　b. *Some kids are let (to) **do anything they like** by their parents. （他動詞）
(6) a. *They were let (to) **stay** a while. (Palmer 1987: 195)
　　　　（意図的動詞）
　　b. *I wasn't let to **enter the church** because my dress had no sleeves. (Declerck 1999: 488)　（他動詞）
　　c. *I wasn't let to **pay** for the drinks. (Swan 2005: 35)
　　　　（意図的動詞）

(5a, b) で、コンサートに行ったり、好きなことをするのは、そうする人の意図的な行為です。同じことは、(6a-c) についても言えます。したがって、let 使役受身文には、意図的動詞や他動

詞は用いられず、主語の非意図的事象を表わす非意図的動詞のみ用いられると考えられるかもしれません。

しかし、さらに let 使役受身文を検討してみると、意図的動詞でも適格な次のような例があります。

(16) a. He was caught the following day by the armed group but **was let escape**. His name was William Stanley.
「彼は翌日武装グループに捕まえられたが、逃がしてもらえた。彼の名前はウィリアム・スタンリーだった。」
b. When the bird was seen flying, the falcon **was let fly**.
「その鳥が飛び立つのが見えたとき、鷹が飛び立つよう放たれた。」
c. The hassle she got at the pre check-in security check was fairly serious and it looked for a while like she wasn't going to **be let fly**. However, after the officer consulted with his supervisor, she **was let fly**.
「彼女が飛行機搭乗のための予備ボディーチェックで受けた検査はかなり厳しいものだったので、一時は、飛行機には乗れないだろうと思えた。しかし、保安職員が上司と相談したあと、彼女は飛行機に乗って行くことができた。」

(16a) で、逮捕された人が逃げたり、(16b) で、鷹匠の鷹が鳥を追いかけて飛ぶのは、その人や鷹の意図的な行為です。同様に (16c) で、人が飛行機に乗って飛び立つのも、その人の意図的行為です。したがって、これらの文の escape や fly は、意図的動詞です。それにもかかわらず、これらの文はすべて適格ですから、非意図的動詞のみが let 使役受身文に用いられるという仮定は、

妥当でないことになります。

それでは、いったいどのような要因が、let 使役受身文の適格性を左右しているのでしょうか。

● Let 使役受身文の適格性制約

最初に、主語が〈人間〉で適格な (11a-c)(以下に再録) を再度見てみましょう。

(11) a. He **was let die** in a ditch and was buried by the parish.
 b. Some babies born very early must **be let die**, say experts.
 c. The reason Bruce **was let live** was to provide Moxon with an alibi.

これらの文の let は、「許容・許可」ではなく、「放任・放置」の意味であることにまず注意してください。(11a) の主語の「彼」は、排水溝でそのまま放っておくと死んでしまう状態にあったのを、誰も助けようとせず、なるがままにされて死んでしまっています。(11b) でも、極端な未熟児は、そのまま放っておくと当然死んでしまいます。一方 (11c) では、人は普通の状態では、生きていくものなので、他人がブルースに対して何もせず、放っておけば、彼は当然、生き延びることになります。したがって、これらの文の let は、死にそうな状態にある人や未熟児をそのままにして放っておくことや、普通の生きている状態にある人をそのままにして放っておくことを表わしており、「放任・放置」の意味で用いられています。

(11a-c) でさらに気がつくのは、死にそうな状態にある人や極端な未熟児が、放っておけば死ぬというのは、そのような人や未

熟児の「習性・特性」であり、なるがままの普通の動作・状態であるという点です。同様に、普通に生きている人が、そのあとも放っておけば、そのまま生きていくというのは、人間の習性・特性であり、そうして生きていくのが、我々人間の普通の状態であるという点です。

以上の2点から、(11a-c) が適格なのは、be let のあとの動詞句が、主語の習性・特性や、自動的に生じる主語のなるがままの動作を表わしており、そのような習性や動作が放任・放置されることで起こる場合だと考えられます。この点を次の仮説として立ててみましょう。

(17) **Let 使役受身文の適格性制約**：Let 使役受身文は、be let のあとの動詞句が、その意味上の主語の習性・特性や、自動的に生じるなるがままの普通の動作・状態を表わしており、主語が放任・放置されることで、そのような習性や動作・状態が起こる場合に適格となる。

それでは、(17) の制約を踏まえて、主語が同じく〈人間・動物〉の (16a-c)（以下に再録）をまず見てみましょう。

(16) a. He was caught the following day by the armed group but **was let escape**. His name was William Stanley.
b. When the bird was seen flying, the falcon **was let fly**.
c. The hassle she got at the pre check-in security check was fairly serious and it looked for a while like she wasn't going to **be let fly**. However, after the officer consulted with his supervisor, she **was let fly**.

武装グループに身柄を拘束された人や囚人は、逃げたり脱走をしようとするのが、その人たちの習性・特性であり、普通の動作です。そして (16a) では、武装グループが、ウィリアム・スタンリーを捕まえたものの、そのあと彼に何もしないで、彼が逃げるのをそのまま放っておいたわけですから、let は放任の意味で用いられています。よって、この文は (17) の制約を満たしており、適格であると説明できます。(16b) でも、鷹匠の鷹は、鳥を追いかけて飛び立つのがその習性・特性であり、ここでは、鷹がそうすることを抑止せず、そのままにして飛び立たせたことが示されています。(16c) でも、空港の予備ボディーチェックを受ける人は、そのあと飛行機に乗って飛び立つのが、自動的に生じるなるがままの普通の動作です。そしてこの文では、彼女がそうすることを保安職員や上司が妨げず、放っておくことで、彼女が飛び立つことになります。よって、(16b, c) も (17) の制約を満たしており、適格であると説明できます。

　それではここで、不適格な let 使役受身文の (5a-d), (6a-c) (以下に再録) を見てみましょう (これらの文は、to の有無にかかわらず不適格なので、ここではこの点には触れません)。

(5) a. *I was **let** (to) go to the concert by my parents.
　　b. *Some kids are **let** (to) do anything they like by their parents.
　　c. *You will be **let** (to) know more in detail by Saturday.
　　d. *This topic was **let** (to) be brought up for discussion by the chair.
(6) a. *They were **let** (to) stay a while. (Palmer 1987: 195)
　　b. *I wasn't **let** to enter the church because my dress had no sleeves. (Declerck 1999: 488)

c. *I wasn't **let** to pay for the drinks.（Swan 2005: 35）

（5a, b）と（6a）に対応する能動文での let は、本章の冒頭で指摘したように、「許容・許可」と「放任・放置」の2つの解釈が可能ですが、（5c, d）と（6b, c）に対応する能動文での let は、文脈から「許容・許可」の解釈のみ可能です。（17）の制約が示すように、let 使役受身文は、let が「放任・放置」の意味を表わす場合に適格となるので、後者の（5c, d）と（6b, c）は、この制約を満たしておらず、不適格となります。また、（5a, b）と（6a）も、let が「許容・許可」の意味の場合は不適格となります。

　それでは、（5a, b）と（6a）は、let が「放任・放置」の意味の場合でも不適格ですが、これはどのように説明されるのでしょうか。それは、（5a）で、話し手があるコンサートに行くことは、話し手の習性・特性を表わしているわけではなく、（5b）で、ある子供たちが自分の好きなことは何でもするというのも、その子供たちが自動的に行なう普通の動作とは言えないからだと考えられます。同様に（6a）で、彼らがある所にしばらく留まることは、当然、彼らの習性・特性などを表わしているとは言えません。したがって、let が「放任・放置」の意味であっても、これらの文は、（17）の制約の前半部分を満たしていないので、不適格であると説明できます。

● 主語が〈無生物〉の場合

　次に、主語が〈無生物〉の（12a-g）（以下に再録）を考えてみましょう。

（12）a.　The flowers **were let droop** by Mary.

b. It is claimed the wire **was let droop** in a careless and dangerous way across the public highway.
c. I'm sick of hearing this shit that our economy would only melt down if some of these banks **were let fail**.
d. The matter **was let drop** at this point.
e. He's right, this horrific situation cannot **be let rest** until justice is done.
f. These bodies **were let lie** for several days after death, before being prepared for mummification.
g. The finished dough **was let rise** according to the usual methods at 28℃ for 60 minutes.

(12a, b) で、花は、水や養分がなければしおれ、電線は、張った状態で保たれなければ垂れ下がります。つまり、これらの文の動詞句は、花や電線の習性・特性を述べています。(12c) でも、倒産の危機にある銀行は、何も手が打たれなければ倒産するのが、なるがままの自動的に生じる事柄です。(12d-f) でも、ある問題や状況、死体は、人が何もしなければ、そのままの状態で断ち切れになったり、その場で放置されたままになります。さらに(12g) では、パン生地が放っておけばふくらむというのは、パン生地の習性・特性を述べています。そして (12a-g) では、これら無生物の主語をあるがままに放置して、このような主語の習性やなるがままの普通の動作・状態が起こった（あるいは起こる）ことが述べられています。よって、これらの文は (17) の制約を満たしているので、適格となります（【付記４】参照）。

(13a-d)（以下に再録）も同様に説明できます。

(13) a. The gloss paint **was let dry** several days and then it was

time for the metallic colors.
b. The adhesive **was let set** for a day or so and then low heat and pressure were applied to adhere the paint to the wood.
c. An arrow **was let fly** and lodged in my shoulder, and a second nearly hit my back as I tried to get away.
d. But even these studies **were let lapse** when they discovered that they could never duplicate Ancient masonry.

塗料は放っておけば乾き、接着剤は放っておけば固まります。つまり、(13a, b) の動詞句は、塗料や接着剤の習性・特性を述べており、そのような習性・特性が、放置することで生じたことが示されています。よって、(17) の制約が満たされ、これらの文は適格です。また (13c) では、矢を引っ張った状態で放てば、飛ぶのが矢の習性・特性です。(13d) でも、ある研究は、人が何もしなければ、そこで断ち切れになってしまうのが普通の状態で、主語の these studies は、(12d, e) の主語 the matter や this horrific situation と同じです。そして (13c, d) では、矢や研究が放任・放置されることで、そのような動作や状態が起こったことが述べられています。よって、これらの文も (17) の制約を満たしており、適格となります。

● (12e) の be let rest に関して

上で説明した (12e)（以下に再録）を再度見てください。

(12) e. He's right, this horrific situation cannot **be let rest** until justice is done.

この文はまったく適格ですが、小西（編）『英語基本動詞辞典』(1980: 36) では、次の rest を用いた (18a) の能動文が提示され、(18b) に示したように、let は受身にならず、be allowed to ... を用いなければならないと書かれています（【付記5】参照）。

(18) a.　We can't **let** the matter **rest** here.（能動文）
　　　　「この問題をこのままにしておくことはできない。」
　　b. *The matter can't **be let to rest** here.（受身文）
　　　⇒ The matter can't **be allowed to rest** here.

(12e) が適格なのに、どうして (18b) は不適格なのでしょうか。両者の唯一の違いは、(12e) では、let と rest の間に to が入っていないのに対し、(18b) では to が入っていることです。したがって、(18b) は、小西（編）の意図するところとは異なり、let が受身文にならないのではなく、単に to が入っているために不適格になっているということになります。実際、ネイティヴスピーカーにこの点を尋ねると、(18b) が不適格なのは、to があるからだと答え、次のように to がなければ、まったく自然な適格文だと答えます。

(19)　　The matter can't **be let rest** here.

そして、rest（や drop）を用いた次のような適格文が、インターネットにも数多く見られます。

(20) a.　But if we drowned him in the river, would that be the end of him? Would the matter **be let rest** there? Believe me it would be only the beginning.

「しかし、もし我々が彼を川で溺れさせれば、それで彼の終わりだろうか。事件はそこでそのままにされるだろうか。それは絶対に始まりにしか過ぎないであろう。」

b. The moderators request that this topic **be let rest** until next weekend.

「仲裁者は、この話題は来週末までそのままにしておくよう要請している。」

(21) a. No evidence of who had fired the cannon on the cliff could be obtained, though the smuggler was well known, and the matter **was let drop**.

「その密輸業者はよく知られていたが、誰が岸壁の大砲を発射したかの証拠は得られず、その件はたち消えにされた。」

b. But I think it would be a bigger issue if it **were let drop**.

「しかしそれがやめにされたら、より大きな問題になるだろうと私は思う。」

したがって、be let rest や be let drop のような使役受身文は、適格であると結論づけられます。そして、(19) や (20a, b), (21a, b) の適格性は、上で説明した (12d, e) と同様に説明されます。

● さらなる let 使役受身文

最後に、適格な let 使役受身文の実例をさらにいくつか観察し、それらが (17) の制約で説明できるか考えてみましょう。

(22) a. My pessimism for Iraq has much to do with the reasons why

Sadaam **was let rise** to dictatorship in the first place.

「私のイラクに対する悲観主義は、なぜサダム（フセイン）をそもそも独裁政権樹立へと立ち上がらせてしまったのかという理由と大いに関係している。」

b. It is a shame that such a good business **was let fall apart** so quickly.

「そんなよいビジネスがそんなにすぐ破綻してしまわざるを得なかったのは残念だ。」

c. Then several decades **were let pass** and gradually New Zealand emerged again as the model colony.

「そして数十年が経過し、徐々にニュージーランドが再び理想の植民地として浮上した。」

d. No threat of ridicule or punishment must **be let stand** in our way.

「どんなあざけりや処罰による脅威も、我々の行く手に立ちはだからせてはならない。」

(22a) で、サダム・フセインが独裁政権樹立へと立ち上がったというのは、彼の習性・特性を述べており、人々はそれに対して何もせず、放任したことで、そのような事態が起こったことが述べられています。(22b) は、(12c) の銀行が倒産するのと同様で、破綻の危機にあるビジネスは、何も手が打たれなければ破綻するのが、なるがままの自動的に生じる事態です。そしてこの文では、そのようなビジネスがなるがままにされ、破綻したと述べられています。(22c) では、歳月は、時間の経過とともに過ぎて行くのが、その習性・特性であり、この文では、数十年の時間の経過が、過ぎるがままにされたと述べられています。さらに (22d) では、あざけりや処罰による脅威は、我々が何もしない限り、いつも存

在し、行く手に立ちはだかるのが、あるがままの普通の状態です。この文では、そのような脅威をそのまま存在している状態で放っておくことはできないと述べられています。したがって、(22a-d) はいずれも、let が「放任・放置」の意味であり、なおかつ、(17) の制約を満たしているので、適格であると説明できます。

● 結び

本章では、多くの文法書や辞書が、使役動詞の let は受身にならないと指摘したり、Quirk et al.（1985: 1205）が、let は、let go, let fall のような「固定した」(fixed) 表現の場合のみ受身になり、それ以外は受身にならないと指摘していることに対し、それが正しいかどうかを考察しました。そして、let が、let go, let fall のような固定表現以外でも、かなり生産的に受身で用いられている実例を提示して、従来の主張が妥当でないことを示しました。

次に、それではどのような場合に let 使役受身文が適格になるかを考え、まず、「非意図的動詞」のみが受身文になるのではないかという仮定をし、その仮定が妥当でないことを示しました。そして、let 使役受身文は、be let のあとの動詞句が、主語の習性・特性や、自動的に生じる主語のなるがままの動作・状態を表わしており、そのような事柄が、主語が放任・放置されることで生じる場合に適格になると考え、次の制約を提出しました。

(17) **Let 使役受身文の適格性制約**：Let 使役受身文は、be let のあとの動詞句が、その意味上の主語の習性・特性や、自動的に生じるなるがままの普通の動作・状態を表わしており、主語が放任・放置されることで、そのような習性や動作・状態が起こる場合に適格となる。

そして、この制約により、本章で提示したすべての let 使役受身文の適格性、不適格性が説明できることを明らかにしました。

コラム③

"Let it go" と "Let it be"

　世界中で大ヒットしたディズニーのアニメーション映画『アナと雪の女王』(原題は *Frozen*、2013年にアメリカで公開され、翌年、日本でも公開)をご覧になった方も多いと思います。この映画の主題歌は"Let it go"ですが、その日本語版主題歌での対応する訳は、「ありのままで」(「ありのままの」や「これでいいの」)となっています。一方、ビートルズの有名な曲"Let it be"は、一般に「あるがままに」(あるいは「なすがままに」)と訳されるケースが多いようです。

　これら2つの歌のタイトル、"Let it go" と "Let it be" の違いは、go と be ですが、対応する日本語訳、「ありのままで」と「あるがままに」は、とてもよく似ており、ほぼ同じように思えます。Let it go と Let it be は、それぞれどのような意味で、どのような違いがあるのでしょうか。どうしてこのような日本語訳がつけられたのでしょうか。このコラムでは、このような問題と使役動詞 let の意味について考えてみましょう。

　本題に入る前に、観たことのない方のために、映画『アナと雪の女王』について簡単に触れておきましょう。この映画の主題歌"Let it go"を歌うのは、主人公のエルサ女王ですが、エルサは、氷、霜、雪を自由に作ることができる魔力を持っています。そして、それが故に、子供の時に妹のアナに怪我をさせてしまったり、女王になった直後に妹の婚約に反対して口論になり、魔力を使ってしまい、仲たがいしてしまいます。また、

意図せずに、自分の国を永遠の冬の国にしてしまい、悩みます。そして、魔力ゆえに怪物呼ばわりされたエルサは、王国から逃げ出し、北の山にたどり着いて、そこに魔法で氷の城を建て、そこで生きていこうと決意します。妹のアナは様々な苦難に遭いながらも、そんな姉のエルサを助けようとします。この映画では、エルサとアナふたりの主人公の「姉妹の絆」が軸となり物語が展開します。

　それでは本題に入ります。まず、let の意味から復習しましょう。使役動詞 let は、前章で述べたように、次の2つの意味を表わします。

(1) a. 許容・許可:「(望み通り)～させる、～することを許可する」
　　b. 放任・放置:「〈人が〉～するがままにさせる、〈物が〉～なるがままにする」

そのため、たとえば次の文には、以下に示す2つの解釈があります(前章の(1a)を参照)。

(2) My parents **let** me go to the concert.
　　(i) 両親は、私がそのコンサートに行くのを許可して、行かせてくれた。[許容・許可]
　　(ii) 両親は、私がそのコンサートに行くのを黙認し、放っておいて、勝手に行かせた。[放任・放置]

　日本の高校では一般に、本書の第1章で述べたように、let が、「(相手がしたいのを)許容・許可して～させる」という意味を表わすと教えられ、上の(1a)の意味のみが強調されて

いますが、let には、(1b) の「放任・放置」の意味もあることに注意する必要があります。

以下に、let が「放任・放置」の意味を表わす例をあげておきます。

(3) a. He **let** the note fall to the ground.
   「彼はそのメモが地面に落ちるのをそのままにした。」
   b. She inadvertently **let** the flowers droop.
   「彼女はうっかりしていて、花をしおれさせてしまった。」
   c. **Let** the cookies cool down before you try them. (*Longman Dictionary of Contemporary English*)
   「クッキーが冷めるのを待ってから食べてみてください。」

これらの例はいずれも、メモが地面に落ちたり、花がしおれたり、焼いたクッキーが冷めることに対して、主語指示物が何もしないで放っておき、それらがなるがままに放置することを述べています。

ここで重要なのは、(3a-c) の let の目的語は、メモや花、クッキーのような〈無生物〉だということです。無生物には意志がありませんから、(2) のような let の目的語が〈人間〉の場合と異なり、(3a-c) では、let が「放任・放置」の意味のみを表わすことになります (【付記1】参照)。

「放任・放置」の意味を表わす let は、次のように、歌のタイトルや歌詞にも多く使われています。

(4) Live and **Let** Die (「007 死ぬのは奴らだ」)
（ポール・マッカートニーが率いるウイングズが1973年に発表した曲。同名の映画『007 死ぬのは奴らだ』の主題歌）

(5) Oh, the weather outside is frightful,
But the fire is so delightful,
And since we've no place to go,
Let it snow, let it snow, let it snow.
「ああ、外はひどい天気
でも暖炉の火はとても暖か
どうせ私たちは行く所もないし
雪よ降れ、降れ、雪よ降れ」

(4)は、(We) Live and Let (them) Die の省略形で、「我々は生き延び、彼らを死ぬがままにしよう」（彼らが死ぬのをそのまま放っておき、死なせよう）という意味です。また(5)は、クリスマスソングとしてよく歌われる"Let it snow"という歌です。Let it snow は、「雪が降る」(it snows) のを「そのままにして」(let) おこう、つまり、「雪を降らせておきましょう」という意味です。

「放任・放置」の意味の let の訳語には、少し古い日本語の表現ですが、「．．．がままにする」があります。次の文は、英語の格言集に顔を出すような有名な文ではありませんが、ぜひ覚えておきたいものです。

(6) Winners **make** things happen and losers **let** things happen.

「勝利者はことを起こさせる、敗北者はことを起こるがままにする。」

　これで、冒頭の Let it go と Let it be を考える準備が整いました。これら２つの文は、(4) の Let (them) die や、(5) の Let it snow と同様に命令文で、it は無生物ですから、let は、[it go]、[it be] が表わす事象を「そのままにせよ」という、「放任・放置」の意味で、「許容・許可」の意味ではありません。

　それではまず、Let it be から考えてみましょう。Let it be の be は、次の (7) の例文に使われている be や is と同じで、「(何かが) 存在する、ある」という意味の完全自動詞です。

(7) a. To **be** or not to **be**, that is the question.
　　　(Shakespeare: *Hamlet*)
　　　(直訳)「存在するべきか存在しないべきか、それが問題だ。」
　　　(意訳)「生きるか死ぬか、それが問題だ。」
　　b. Whatever **is**, is right. (*Longman Dictionary of Contemporary English*)
　　　「何があるにせよ、それが正しい。」

したがって、Let it be は、it (＝困っていることや悩み、心配事など) が be、つまり、そこに存在するのを、あるがままにしておきなさい、という意味です。よって、Let it be は、「(それを) あるがままに (せよ)」という意味で、Let it be の訳として一般に用いられている「あるがままに」は、その原意であり、直訳です。

一方、『アナと雪の女王』の主題歌、"Let it go" はどういう意味でしょうか。

Longman Dictionary of Contemporary English に let something go というイディオム表現についての次の定義があります。

(8) **let** something **go**: to stop worrying or thinking too much about something;
example：It's time to **let the past go**.
「ある事柄に関して心配するのをやめる。あるいは、あまり考えたりしないこと」
例文：「過去のことはもう忘れよう。」

ですから、go が let と共起し、let の目的語が無生物の場合には、go が「消え去る、なくなる」の意味（例文直訳：もう過去のことを消え去る・なくなるままにするべき時だ。）を表わします。したがって、let it go という表現の直訳は、「それが消え去る・なくなるままにする」ということになります。上に書いたように、Let it be は、「（それを）あるがままにする」という意味ですから、Let it be「（それを）あるがままにする」と Let it go「それが消え去る・なくなるままにする」は、反対に近い意味を表わすことになります。

次に、Let it go の目的語 it が何を指すか考えてみましょう。『アナと雪の女王』の文脈での it は、エルサが、自分の持っている魔力を隠そうとしたり、抑えようとしてきたことでの葛藤や、そのせいで彼女がこれまで経験した苦悩や恐怖を指していると解釈できます。したがって、この表現は、それが go, つまり「消え去る、なくなる」のを、そのままにしておきなさいという意味になります。言い換えれば、「これまで自己制御し

てきた自分自身や思い悩んだりしたことをもう手放して、忘れてしまいなさい」ということになります。それを更に意訳して、「それらから解放された、本来の自分の姿、<u>ありのままの姿でいよう</u>」となり、「ありのままで」という日本語に至ったのでしょう。

　日本語で「あるがままに」として知られているビートルズの歌"Let it be"と「ありのままで」と訳されている『アナと雪の女王』の主題歌"Let it go"は、同じような意味だと誤解している人も多いかもしれませんが、以上のように、全く違う意味を表わしています。それぞれの歌詞の一部を直訳すると下記のようになります。

(9) a. Whisper words of wisdom, **Let it be**.
　　　「(聖母マリアが) 英知の言葉 (金言) をささやく、それを<u>あるがままにしておきなさいと</u>」
　　b. **Let it go, let it go**. Can't hold it back anymore.
　　　「それが<u>消え去るがままにしておこう。(それをもう忘れてしまおう。)</u> それ (私の魔力) をもう押さえることはできない (のだから)。」【付記2】参照

"Let it be"の訳として一般に用いられている「あるがままに」は、(9a)に示したように、この英語表現の原意、直接的な意味を表わします。他方、"Let it go"の直訳は(9b)で、日本語訳の「ありのままで」は、この表現の原意ではなくて、その原意を『アナと雪の女王』の文脈に当てはめて作られた意訳ということになります。

　Let it go の原意は、あくまでも「それが消え去る・なくな

るままにする、それを忘れる・捨て去る」です。Let it be と Let it go の原意だけを比較すれば、「それをあるがままにする」と「それを手放して、忘れ去る」との間には、「何もしないで現状を維持する」と「現状を捨て去る・忘れ去る」という正反対に近い意味の違いがあるのです。

Cause 使役文とその受身文（1）
― Cause 使役文は本当に
　意図的な使役を表わせないのか？―

第8章

● はじめに

『ジーニアス英和辞典』（第4版（2006）大修館書店）の cause の使役用法の項（p. 315）に次の記述があります（下線は筆者）。

> (1) ［SVO to do］〈人・事が〉〈人・事〉に…させる（原因となる）、（結果的に）…させる《◆ <u>make や have が意識的な使役を表すのに対し、cause は偶発的・無意図的なので、deliberately, intentionally などと共に用いることはできない</u>》‖ Her behavior caused me to laugh. 彼女のしぐさに私は笑ってしまった。

(1) の下線部の記述は、Givón（1975: 62）の次の仮説に基づいていると考えられます。

(2) Cause 使役文は偶発的な（incidental）使役を表わし、make 使役文は意図的な（intended）使役を表わす。
（【付記1】参照）

Givón（1975: 61-62）は、この仮説を裏づけるために次の例を提示しています。

(3) a. *John deliberately **caused** Mary to do the dishes.

「ジョンはわざとメアリーに皿を洗わせた。」
- b. John accidentally / inadvertently **caused** Mary to drop her books.
「ジョンは誤って／うっかりしてメアリーに本を落とさせてしまった。」

(4) a. John deliberately **made** Mary do the dishes.
    b. *John accidentally / inadvertently **made** Mary drop her books.

(3a, b) の cause 使役文は、主語の意図性を表わす副詞 deliberately（わざと、故意に）とは一緒に用いられず、主語の非意図性を表わす副詞 accidentally（偶然）や inadvertently（うっかり）とは一緒に用いられると判断されています。一方、(4a, b) の make 使役文は、(3a, b) とはまったく逆で、deliberately とは一緒に用いられ、accidentally や inadvertently とは一緒に用いられないと判断されています。しかし、(2) の仮説や『ジーニアス英和辞典』の (1) の記述は、本当に正しいのでしょうか。

Cause 使役文に関して、さらに『フェイバリット英和辞典』（第2版 (2001) 東京書籍 p. 239）には、次の記述があります（下線は筆者）。

(5) 【＋名＋to do】…に〜させる原因となる（★<u>受身にはできない</u>）
He caused me to lose my job. 彼が原因で私は職を失った。

(5) の下線部の記述は、Mittwoch (1990: 119) の次の仮説に基づいていると考えられます。

(6)　　Cause は、to 不定詞を取るが、受身にはならない。

Mittwoch (1990) は、この仮説を裏づけるために次の例を提示しています。

(7)　a.　The inflation caused prices to rise.
　　 b.　* Prices **were caused** to rise (by the inflation).
　　　　「物価の上昇が（インフレによって）引き起こされた。」
(8)　a.　Aspirin causes body temperature to drop.
　　 b.　* Body temperature **is caused** to drop by aspirin.
　　　　「体温の低下はアスピリンによって引き起こされる。」

しかし、cause は受身にはならないという、(6) の仮説や『フェイバリット英和辞典』の記述は、本当に正しいのでしょうか。
　本章と次章では、これら2つの問題を考察し、本章では、cause は (i) 無意図的な使役だけでなく、意図的な使役も表わすことを示し、cause 使役文がどのような場合に適格となるかを考えます。そして次章では、cause は、(ii) 受身にもなる、ということを示し、cause を用いた使役受身文がどのような場合に適格となるかを考えます。

● Make 使役文は非意図的な使役も表わす

　Cause 使役文を考える前に、まず、make 使役文を考えてみましょう。『ジーニアス英和辞典』は (1) で、make が「意識的な使役を表す」と述べ、Givón (1975) も (2) で、make 使役文は「意図的な使役を表わす」と述べています。しかし、私たちはすでに本書の第1章で考察したように、make 使役文には、次のように

主語が無生物で、その主語の非意図的、無意識的な使役を表わす「自発使役」と呼ばれる用法もありますから、この記述は妥当ではありません（第1章の(10c-e)を参照）。

(9) a. The disease **made** her lose a lot of weight.
    b. All that sick time off work **made** me lose my job.
    c. Dirt in the gas **made** the car stop.

(9a-c) では、彼女の体重が減ったり、話し手が失職したり、車が止まったのは、病気やガソリンのゴミ、汚れのせいであり、これらの事象が意図的、意識的に引き起こされたわけではありません。

さらに次の文のように、主語が人間でも、その人の非意図的な行動のせいで話し手が失職したということも可能です（第1章の(11a-d) も参照）。

(10) He **made** me lose my job not intentionally, but by hanging around my desk talking to me all the time, so my boss thought I was never doing any work.
「彼のせいで失職しました。彼は意図的ではなかったのですが、私の机の周りをぶらついてずっと私に話をしていたので、上司は私が少しも仕事をしていないと思ったのです。」

したがって、make 使役文は、意図的な使役だけでなく、非意図的、無意識的な使役も表わすことが分かります。

そうすると、accidentally や inadvertently が用いられた (4b) の make 使役文は、本当に不適格なのだろうか、という疑問が浮か

びます。ネイティヴスピーカーにこの点を尋ねると、誰もが、(4b)は cause 使役文の (3b) と同様に適格であり、両者に適格性の相違はまったく感じられないと言います。そして、cause は一般に書き言葉に用いられ、堅い表現なので（以下で説明）、会話であれば、cause を用いた (3b) より、むしろ make を用いた (4b) を使うだろうと言います。

さらに、(4b) が適格であるというネイティヴスピーカーの指摘は、accidentally や inadvertently が make 使役文に用いられている次のような実例（グーグルで検索し、ネイティヴスピーカーも適格と判断したもの―以下、同様）が多数あることからも裏づけられます。

(11) a. The lakeshore marathon in Chicago **accidentally made** people run an extra mile.
「シカゴ湖岸マラソンが誤って参加者を1マイル余分に走らせてしまった。」
b. Have you ever **inadvertently made** someone feel bad with your humor?
「あなたはこれまでに自分のユーモアでうっかり、誰かの気分を悪くさせたことがありますか。」

以上から、make 使役文は、(1) や (2) の記述とは異なり、主語の意図的な使役だけでなく、非意図的、偶発的な使役も表わすことが明らかです（【付記2】参照）。

● **Cause 使役文は意図的な使役も表わす**

それでは、本題の cause 使役文の考察に移り、次の文を考えて

みましょう。

(12) a. John caused the car to crash.
   b. John caused me to lose my job. (cf. 5)

これらの文が何の文脈もなく与えられると、主語のジョンが車を衝突させたり、話し手の失業を引き起こしたのが、意図的かどうかに関して曖昧で、2通りの解釈ができます。(12a)は、たとえば、ジョンがブレーキに不正に手を加えて意図的に車を衝突させたとも、あるいは車の助手席に座っていたジョンが通行人に声をかけ、そのことが運転手の気をそらせて、非意図的に車を衝突させたとも解釈できます。同様に(12b)でも、話し手の失業をジョンが意図的に引き起こしたとも、(10)で見たように、彼の行動が話し手の失業を予期しない形で引き起こしたとも解釈できます。そのためたとえば(12a)は、次のように deliberately とも accidentally とも共起します。

(13) a. John **deliberately caused** the car to crash.［意図的］
   b. John **accidentally caused** the car to crash.［非意図的］

(13a)は適格ですから、cause 使役文が deliberately や intentionally とは共起しない、という『ジーニアス英和辞典』や Givón (1975) の仮説には疑問がでてきます。実際、次の実例が示すように、cause 使役文はこれらの副詞と何の問題もなく共起します（次節の(15a)も参照）。

(14) a. The National Transportation Safety Board (NTSB) found that the pilot, who had taken the flight controls shortly after

takeoff, had **deliberately caused** the aircraft to dive into the sea.

「国家輸送安全委員会は、離陸後まもなく操縦を行なっていたパイロットが、飛行機を海にわざと突入させたことを明らかにした。」

b. It could be argued that **God deliberately caused** humans to evolve from lower animals.

「神は意図的に人間を下等動物から進化させたと言える。」

c. The question of whether Wallace intentionally struck Nizzo causing her to fall, or **intentionally caused** her to fall without striking her, is a genuine issue as to a material fact.

「ウォレスがニッツォを意図的に殴って彼女を倒れさせたのか、あるいは彼女を殴ることなく意図的に倒れさせたのかは、重要事実に関係する真の問題点である。」

d. **Microsoft intentionally caused** Burst's products to be incompatible with Windows software.

「マイクロソフト社は、意図的にバースト社の製品がウインドウズのソフトに合わないようにした。」

これらの文が適格であるという事実は、「cause 使役文が偶発的・無意図的使役を表し、deliberately, intentionally などと共起しない」という『ジーニアス英和辞典』や Givón の記述が間違いであることを示しています。そして、cause 使役文は、主語指示物の非意図的、偶発的使役だけでなく、意図的使役も表わすことが分かります（【付記3】参照）。

● Cause 使役文の意味──Make 使役文と比べながら

Cause は、使役動詞の make（や have, get, let）と比べると、堅い（formal）書き言葉の表現で、話し言葉で用いられることはむしろ稀です。たとえば、次の実例に見られるように、法律文書や科学的文書、宗教的文書など、書き言葉に用いられるのが一般的です（【付記4】参照）。

(15) a. Finally, plaintiff claimed that two of defendant's employees **intentionally caused her to suffer** extreme emotional distress.
「最後に原告は、被告の従業員2人が、意図的に彼女が極度の精神的苦痛を受けるようにしたと主張した。」

b. The society found that warming of the North Sea has **caused baitfish to move** north in search of colder water.
「北海の温暖化のせいで、餌となる魚はより冷たい水を求めて北へ移動したことが分かった。」

c. All pre-Genesis life died when the earth was **caused to assume** a uniform spherical shape, thus **causing it to be covered** with water.
「地球がむらのない球状の形をとらされ、水で覆われるようになったとき、創世記以前のすべての生命は死んだ。」（【付記5】参照）

一方、次のような会話文では make が用いられ、cause を用いると不自然で、文体上、不適切と判断されます（# は、不適格性、非文法性ではなく、言語使用上、文体上の不適切性をマークします）。

(16) a. Hey John – Last night I saw the movie you recommended. It really **made me think**.

「やあ、ジョン、君がお勧めのあの映画を昨晩見たよ。とっても考えさせられたよ。」

b. Hey John – Last night I saw the movie you recommended.
   #It really **caused me to think.**

(17) a. Mike, Sarah says she accidentally **made Ryan think** she was interested in another guy at the party last night. She is wondering what to do about it. Can you help?

「マイク、サラが言うには、昨晩のパーテイーで会った別の男性に自分が関心があるようにライアンに誤って思わせてしまったんだって。どうしたらいいか困っているようなので、なんとかしてやってくれる？」

b. #Mike, Sarah says she accidentally **caused Ryan to think** she was interested in another guy at the party last night. She is wondering what to do about it. Can you help?

さて、文体の違い以外に、make と cause にはどのような違いがあるのでしょうか。私たちは本書の第1章、第3章で、make 使役文には、(i) 使役主の〈人間〉が、被使役主の〈人間〉に、後者が自ら行なうことはできるものの、そうすることを嫌がったり望まない動作を、前者が強要したり命令したりして、強制的に行なわせる「強制使役」の用法と、(ii) 使役主の〈無生物〉(および〈人間〉)が原因で、被使役主の〈人間・無生物〉がコントロールできない非意図的事象が自然に起こる「自発使役」の用法があることを述べました。それでは、cause 使役文はどうでしょうか。まず、強制使役に関して、次の文を比べてみましょう。

(18) a. John **made** Mary do the dishes. (He told / ordered her to do so.)

　b. *John **caused** Mary to do the dishes.

(19) a. The soldiers **made** the Cherokees march West; they ordered them to walk without complaint. (Sturgis, A. (2007) *The Trail of Tears and Indian Removal*, p. 63 の文を改変)
「軍人達は、チェロキー族を西部へ移動させた。彼らは、チェロキー族に不平を言わないで歩くよう命令した。」

　b. *The soldiers **caused** the Cherokees to march West; they ordered them to walk without complaint.

(18a) は、ジョンがメアリーに皿を洗うよう、直接言ったり命令したりして、皿を洗わせたという意味であり、(19a) は、軍人たちがチェロキー族（北米ジョージアの故郷からオクラホマへ強制移動させられた先住民）に西部へ移動するよう、命令したり強制したりして歩かせたという意味で、ともに強制使役です。しかし、(18a), (19a) の make 使役文を (18b), (19b) のように cause 使役文にすると、不適格になります。つまり、ある人が別の人に使役内容を行なうよう、直接言ったり命令したりしてその事象を引き起こす強制使役の用法は、cause 使役文にはないことが分かります。

　一方、自発使役の用法は、もちろん cause 使役文にあり、すでに見た (1) や (3b)（以下に再録）、さらに次の (21a-e) などがその例です。

(20) a. Her behavior **caused** me to laugh. (=1)

　b. John accidentally / inadvertently **caused** Mary to drop her

books.（=3b）
(21) a. All that sick time off work **caused** me to lose my job. (cf. 9b)

b. Water flooded the ship in ten minutes, **causing** it to sink. (*Longman Advanced American Dictionary*)
「船は 10 分で水がいっぱいになり、沈んでしまった。」

c. The disease **caused** him to lose a lot of weight.（cf. 9a）

d. The work that she put in **has caused** her confidence to get higher.（実例）
「彼女が行なった仕事で彼女は自信を深めた。」

e. Maybe having more friends **causes** you to be happy or maybe being happy **causes** you to have more friends.（実例）
（【付記6】参照）
「多分、多くの友達を持てば、人は幸せになれるでしょうし、あるいは、幸せであれば、人は多くの友達を持てるのでしょう。」

(20a),（21a-e）では、cause 使役文の主語が her behavior, all that sick time off work, water, the disease などで、すべて無生物です。無生物は意図を持たず、これらの文では、彼女のしぐさ、病気や水などのせいで、使役内容が自然に引き起こされたことが述べられています。一方（20b）では、cause 使役文の主語が John の人間ですが、その人の非意図性を表す副詞 accidentally, inadvertently と共に用いられていることから、使役内容が非意図的に引き起こされていることが分かります。したがって、(20a, b),（21a-e）の cause 使役文は、いずれも自発使役用法です。

以上から、cause 使役文には、強制使役の用法がなく、自発使役の用法があるということが分かりました。しかしここで、ひと

つの疑問が出てきます。それならどうして、(18b)(=*John caused Mary to do the dishes.) は自発使役として解釈され、適格文とならないのでしょうか。それは、ジョンが直接メアリーに口頭で皿洗いをするよう指示しないで、メアリーが皿洗いをするような結果になった原因を頭に浮かべることが困難だからだと考えられます。つまり (18b) は、自発使役と解釈されるような状況がすぐには思いつかないために、すぐに頭に浮かぶ強制使役の解釈を受け、自発使役解釈の文としては、不適格と判断されるものと思われます。

　ここで、たとえば次のような状況を想定してみましょう。医者のジョンと会社員のメアリーは夫婦で、二人の間には、ジョンが夕食の料理をしたら、メアリーが皿洗いをし、メアリーが料理をしたら、ジョンが皿洗いをするという取り決めがあるとします。問題の晩は、メアリーが料理をしたのですが、食事が終わる間際にジョンの病院から、テロ爆破事件があり、多数の救急患者が病院に運び込まれてくるという連絡が入り、すぐ病院に来てくれという呼び出しが入ったので、ジョンが出かけなければならなくなりました。このような文脈では、次の文は、(18b) と異なり、ほぼ適格と判断されます。

(22) √/? … So, John had to leave for the hospital immediately, **causing Mary to do the dishes** as well.

(22) は、ジョンが病院に行かなければならなくなったことが原因で、メアリーが皿を洗うことになったわけですから、自発使役であり、ほぼ適格となります。ただ、この文が若干の不自然さを伴うのは、上でも述べたように、書き言葉的である堅い表現のcause が、話し言葉的な文脈で用いられているからです。話し言

葉では、このような場合、次のように表現されるのがより一般的でしょう。

(23) John had to leave for the hospital immediately, so Mary had to do the dishes.

Cause 使役文には、強制使役の用法がなく、自発使役の用法があるという点は、cause が本来表わす意味から示唆されると考えられます。Cause は名詞として「原因」、動詞として「～の原因となる、～を引き起こす」という意味なので、使役主の〈人間〉が被使役主の〈人間〉に直接命令して使役内容を行なわせるような直接的な使役、強制使役を表わすのではなく、使役主が「原因」となって、結果的に使役内容が引き起こされるという間接的な使役、つまり自発使役を表わすのだと考えられます。

以上のように説明すると、ひとつ疑問が残ります。すでに見た (13a)(=John deliberately caused the car to crash.)のような文は、deliberately という主語の意図性を表わす副詞を伴っていますから、自発使役とは言えず、どのように説明するのかという疑問です。この点に関して次節で考察し、その節の最後で説明します。

● 強制使役の２つのタイプ

私たちは本書の第１章で、make 使役文には、典型的な強制使役でも、典型的な自発使役でもない、次のような例があることを指摘しました（第１章の (4a, b), (13a, b) を参照）。

(24) a. John **made** Sue trip by sticking his leg out into the aisle.
「ジョンは、自分の足を通路に突き出して、スーをつ

まずかせた。」

b. They **made** the trains run on time by improving the infrastructure and re-training employees.
「彼らは、線路などの施設設備を改良し、従業員を再訓練して、電車を定刻に走らせた。」

これらの例は、(18a), (19a) のような典型的な強制使役の用法と2つの点で異なっています。その第1は、(18a), (19a) では、被使役主の〈人間〉(話し手やチェロキー族) が、使役内容の皿を洗ったり、西部へ歩いて行くことを、自ら行なおうと思えば行なえるのに対し、(24a, b) では、使役内容のスーが転んだり、電車が定刻に走るというのは、スーや電車が自らは行なえない (制御できない) ことだという点です。そして、第2の相違点は、(18a), (19a) では、使役主は被使役主に当該の使役内容をさせようと、言葉で直接的に働きかけていますが、(24a, b) では、そのような言葉による働きかけはなく、使役主が一方的に行動して、使役内容を引き起こしているということです。一方、(9a-c) のような典型的な自発使役の用法では、使役主は多くの場合、〈無生物〉です。もちろん、使役主が〈人間〉の場合もありますが((10), (11b) 参照)、その人間が使役内容を引き起こそうと意図的に行動するのではなく、その人の行動や言葉が原因となって、使役内容が自然に起こります。これに対して (24a, b) では、使役主が〈人間〉で、その人間がある行動をすることで、一方的に使役内容を、強制的に引き起こしています。したがって、(24a, b) のような使役文は、「使役主の〈人間〉が、被使役主の〈人間・無生物〉が自らは行なえない (制御できない) 事象を、一方的に、強制的に引き起こす用法」のように特徴づけることができます。この用法をここでは、「被使役主が制御できない事象の非言語的強制使役」

と呼び、典型的な強制使役の用法を「被使役主が制御できる事象の言語的強制使役」と呼んで区別したいと思います。

さて、それでは、cause 使役文にもこの「被使役主が制御できない事象の非言語的強制使役」用法があるのでしょうか。次のような例から、cause 使役文にもこの用法があることが明らかです。

(25) a. The question of whether Wallace intentionally struck Nizzo causing her to fall, or intentionally **caused** her to fall without striking her, is a genuine issue as to a material fact. (=14c) (cf. 24a)

b. They **caused** the trains to run on time by improving the infrastructure and re-training employees. (cf. 24b)

(26) a. The pilot had deliberately **caused** the aircraft to dive into the sea. (cf. 14a)

b. Finally, plaintiff claimed that two of defendant's employees intentionally **caused** her to suffer extreme emotional distress. (=15a)

c. The devil **caused** him to neglect his family even though he had every intent of being an attentive father.
「彼は家族によく気を配る父親でいようと思っていたけれど、悪魔が彼に家族をないがしろにさせた。」

(25a, b) の cause 使役文は、(24a, b) の make 使役文にほぼ対応しています。(25a) では、ウォレスはニッツォに「倒れろ」と命令したわけではありませんし、(26a-c) でも、使役内容は被使役主が自らは行なわない事象です。(26a) では、パイロットが飛行機をわざと普通ではない方法で操縦して、飛行機が海に突入するという事態を引き起こしています。(26b) では、被告人の従業員

２人が、たとえば嫌がらせなどをして彼女に苦痛を与え、(26c)では、悪魔が彼に様々な誘惑をしたり、そそのかしたりして、いい父親であろうとする彼の意志に反し、家族をないがしろにさせています。つまり、これらの cause 使役文では、使役主が何かを意図的に行ない、その行為、動作によって被使役主が自らは行なえない（制御できない）使役内容を一方的に引き起こしています。

　以上から、cause 使役文の意味的・機能的制約を次のように仮定することができます。

(27)　**Cause 使役文の意味的・機能的制約：**
　(i)　使役動詞の cause は堅い書き言葉の表現で、
　(ii)　使役主の〈人間〉が被使役主の〈人間〉に命令などの直接的働きかけをして、使役内容が引き起こされる「被使役主が制御できる事象の言語的強制使役」の用法はなく、
　(iii) 典型的に、使役主の〈無生物・人間〉が原因で、被使役主の〈人間・無生物〉がコントロールできない非意図的事象が<u>自然に起こる</u>「自発使役」の場合に用いられ、
　(iv) 非典型的に、使役主の〈人間〉が、被使役主の〈人間・無生物〉が自らは行なえない（制御できない）事象を<u>一方的、強制的に引き起こす</u>「被使役主が制御できない事象の非言語的強制使役」を表わすのにも用いられる。

　私たちは前節で、(12a) (=John caused the car to crash.) は、(13a, b)（以下に再録）に示したように、deliberately とも accidentally とも共起することを見ました。

(13) a.　John **deliberately caused** the car to crash.［意図的］
　　 b.　John **accidentally caused** the car to crash.［非意図的］

以上の議論から、(13a) は (27iv)、つまり、使役主の〈人間〉(ジョン) が被使役主の〈無生物〉(車) が自らは行なえない事象を一方的、強制的に引き起こす場合の使役文であり、(13b) は、(27iii)、つまり、使役主の〈人間〉(ジョン (の不注意な行動)) が原因で、被使役主の〈無生物〉(車) がコントロールできない非意図的事象が自然に起こる自発使役文であるということになります。

● なぜ (3a) は不適格か？

ここで、本章冒頭で観察した Givón (1975) の例文 (3a) と (4a) (以下に再録) を見てみましょう。

(3)　a.　*John deliberately **caused** Mary to do the dishes.（cf. 18b）
(4)　a.　 John deliberately **made** Mary do the dishes.（cf. 18a）

ジョンが意図的にメアリーに皿洗いをさせる場合、メアリーに皿洗いをするよう命令したり、依頼したりするのが普通です。つまり、(3a) と (4a) の意図する意味は、「被使役主が制御できる事象の言語的強制使役」で、make にはこの用法があるので、(4a) は適格ですが、cause にはこの用法がない ((27ii) 参照) ので、(3a) は (18b) と同様に不適格となります。そして同時に、(3a) は会話調の文ですが、そこに書き言葉に用いられる堅い表現の cause が使われていることも ((27i) 参照)、この文に一層不自然さを加えていることになります。

● 結び

　本章では cause 使役文を考察し、まず、「cause 使役文が偶発的・無意図的使役を表わし、deliberately や intentionally のような副詞とは共起しない」という、『ジーニアス英和辞典』や Givón (1975) の記述が間違いであることを示して、cause 使役文は、無意図的使役だけでなく、意図的使役も表わすことを明らかにしました。そして次に、cause 使役文を make 使役文と比較しながら、両者の相違点と共通点を明らかにして、cause 使役文の意味的・機能的制約を次のように規定しました。

(27) **Cause 使役文の意味的・機能的制約：**
  (i) 使役動詞の cause は堅い書き言葉の表現で、
  (ii) 使役主の〈人間〉が被使役主の〈人間〉に命令などの直接的働きかけをして、使役内容が引き起こされる「被使役主が制御できる事象の言語的強制使役」の用法はなく、
  (iii) 典型的に、使役主の〈無生物・人間〉が原因で、被使役主の〈人間・無生物〉がコントロールできない非意図的事象が自然に起こる「自発使役」の場合に用いられ、
  (iv) 非典型的に、使役主の〈人間〉が、被使役主の〈人間・無生物〉が自らは行なえない（制御できない）事象を一方的、強制的に引き起こす「被使役主が制御できない事象の非言語的強制使役」を表わすのにも用いられる。

そしてこの制約により、Givón (1975) が提示した (3a) (=*John

deliberately caused Mary to do the dishes.）の文が、なぜ不適格であるかが説明できることを示しました。

Cause 使役文とその受身文（２）
― Cause 使役文は本当に受身文にならないのか？―

第9章

● **はじめに**

私たちは前章の冒頭で、使役動詞の cause が受身文にはならないという『フェイバリット英和辞典』の記述を紹介し、それが、次の cause 使役受身文の不適格性に基づく Mittwoch（1990）の説を参考にしているのではないかと述べました（前章の (5)-(8) を参照）。

(1) a. The inflation caused prices to rise.
　　b. *Prices **were caused** to rise (by the inflation).
　　「物価の上昇が（インフレによって）引き起こされた。」

(2) a. Aspirin causes body temperature to drop.
　　b. *Body temperature **is caused** to drop by aspirin.
　　「体温の低下はアスピリンによって引き起こされる。」

しかし、使役動詞の cause は、本当に受身にはならないのでしょうか。実は、グーグルで cause の使役受身文を検索してみると、おびただしい数の実例が見つかります（Hollmann（2003, 2005）も参照）。以下はその数例で、ネイティヴスピーカーにも適格との確認を得たものです（前章の (15c) も参照）。

(3) a. In a concert and sound installation, twenty mobile phones were suspended from a ceiling. **These were caused to ring**

by a live performer, who dialed them up using another four phones below.

「コンサート会場と音響設備の設置に際し、20の携帯電話が天井から吊り下げられ、生の演奏者がその下の別の4つの電話を使ってその携帯電話にダイヤルし、携帯電話が鳴り響くようにされた。」

b. The coroner's jury ruled the late James Tanner died from a fracture of the skull caused by his being thrown out of a wagon while the horse of said wagon was running away, and that **said horse was caused to run away** willfully and maliciously **by two persons unknown to this jury**. （法律文書）

「その検死陪審は、故ジェイムズ・タナー氏が、荷馬車の馬が逃げて、その荷馬車から投げ出されたことで、頭蓋骨骨折となり死亡したのであり、その馬は、何者かの二人組によってわざと故意に逃げ出すようにされたのだと判定した。」

(4) a. **Our client was caused to fall** from an unsafe scaffold to the ground causing serious injuries. （法律文書）

「私達の依頼人は、危険な建築現場の足場から落ちるようにされ、重傷を負うことになった。」

b. A New York County Jury awarded a plaintiff $725,000 when **he was caused to slip and fall** on grease coming from a clogged catch-basin that was negligently repaired by the City of New York. （法律文書）

「ニューヨーク郡の陪審は、ニューヨーク市のずさんな修理のせいで詰まってしまった下水管のごみ受け（排水枡）から出てきた油で滑り、転んだ原告に対し、

72万5千ドルの賠償金を裁定により与えた。」

(5) a. On one occasion, **an electrically-driven wheelchair was caused to move unintentionally by the communication radio in a taxi**.
「電動の車椅子がタクシーの無線機によって非意図的に動かされたことが一度あった。」

b. The surface under examination was coated with a lacquer, and after drying, **the sample was caused to vibrate by the tap of a hammer.**
「検査中のその表面はラッカー（塗料）で塗られており、乾燥後、そのサンプルは、ハンマーで軽く叩くことで振動が引き起こされた。」

このような実例が数多く存在し、cause使役受身文が実際に多くのネイティヴスピーカーによって用いられているという事実から、『フェイバリット英和辞典』の記述やMittwoch（1990）の説は間違いであると考えられます。

● Cause 使役受身文はどんな場合に用いるか

まず、次の文を見てみましょう。

(6) a.　The infant suffered permanent brain damage.
「その幼児は、回復の見込みのない脳障害を負った。」

b. ??/* The infant **was caused** to suffer permanent brain damage.
「その幼児は、回復の見込みのない脳障害を負わされた（負うことになった）。」

(6a) に cause 使役受身を表わす was caused to をつけた (6b) は、この文だけが唐突に言われると、極めて不自然で不適格と判断されます。その理由は、was caused to が、「～を引き起こされた」という受身の意味なのに、何がその幼児の脳障害を引き起こしたのか、その原因がこの文では示されていないためです。したがって、その原因を次のように *by*-phrase で明示すると、適格性が高くなります。

(7) (?) The infant **was caused** to suffer permanent brain damage **by prolonged exposure to pure oxygen immediately after birth.**
「その幼児は、生後直後、純粋酸素の投与が長引いたことが原因で、回復の見込みのない脳障害を負うことになった。」

ただ、(7) はそれでもまだ若干不自然で、主語を「幼児」のような人間ではなく、次のように「幼児の脳」として、無生物にするとまったく自然になります。

(8) **The infant's brain** was caused to suffer permanent damage by prolonged exposure to pure oxygen immediately after birth.

これはなぜでしょうか。(7) の the infant が主語の文は、その幼児がどんな障害を負うことになったかを述べて、その幼児の話をしているのに対し、(8) の the infant's brain が主語の文は、その幼児の脳がどうなったかを述べて、脳の話をしています。つまり、人間についてではなく、モノについて述べることで、(8) は医学

的、科学的報告文に特有の文体となっています。したがって、cause 使役受身文は、被使役主が顔と個性を持った人間ではなく、「何が何によって引き起こされたか」という、論理的で非感情的な（機械的な）原因と結果の関係（因果関係）を表わすと言えます。そして、前章で観察したように、cause は、使役主が「原因」となって、「結果」的に当該の事象が引き起こされるという<u>間接的な</u>使役を表わすので、cause 使役受身文が表わす「原因結果関係」は、多少冗長かも知れませんが、「間接的な原因結果関係」であると言え、(7), (8) の文体から分かるように、堅い科学的文書や（後で示す）法律文書に適した表現であると言えます。科学的文書は、通例、顔があり個性がある人ではなく、モノ（被験者、実験動物はモノ扱い）について述べるため、cause 使役受身文は、文中の要素（特に主語）が人間でなければないほど適格性が高くなり、(8) の方が (7) より自然であるということになります。

以上のことが分かると、次の (a) の能動文に対応する (b) の cause 使役受身文（実例を一部修正したもの）は、科学的な報告文で用いられており、「何が何によって引き起こされたか」という論理的、非感情的で、間接的な原因結果関係を表わしているので、まったく自然で適格と判断されることが理解できます。

(9) a. An electrical device operated with a foot switch **caused** a micro-manipulator to vibrate.
「足のスイッチで操作する電気装置が、微調整装置を振動させた。」

　b. This pipette ("applicator") was attached to a micro-manipulator that **was caused to** vibrate **by an electrical device operated with a foot switch**.

「このピペットが、足のスイッチで操作する電気装置によって振動するようになっている微調整装置に取り付けてあった。」

(10) a. The injection of 0.1 mg. thyroxin per day then **caused** the rats in group 3 to lose weight.
「毎日 0.1 mg のチロキシン注射でグループ 3 のネズミは体重が減った。」

b. The rats in group 3 **were** then **caused to** lose weight **by the injection of 0.1 mg. thyroxin per day**.
「グループ 3 のネズミは、毎日 0.1 mg のチロキシン注射をすることで体重が減るようになった。」

(9b) では、微調整装置の振動が、足のスイッチで電気装置を操作することで引き起こされ、(10b) では、ネズミの体重減が 0.1 mg のチロキシン注射を毎日することで引き起こされています。そして、これらの文は科学や生物関係の論文に用いられる書き言葉の堅い表現です。よって、(9b), (10b) は適格であると考えられます。

それでは、次の cause 使役文とその受身文を考えてみましょう。

(11) a. A loud noise **caused** me to jump.
b. *I **was caused to** jump by a loud noise.

(12) a. John **caused** me to lose my job. (= 前章の (12b))
b. *I **was caused to** lose my job by John.

(11a) と (12a) の能動文は、「大きな物音」や「ジョン」が主語で、それらが話し手に何を引き起こしたかを述べた適格文です（前章参照）。しかし、これらの文を受身文にした (11b), (12b) は、

極めて不自然な不適格文です。これはなぜでしょうか。それは、「私は大きな物音がして飛び上がった」とか、「私は彼のせいで職をなくした」というのは、話し手（人間）が主語で、話し手の個人的出来事を述べており、会話で話されるような内容であるにもかかわらず、そこに科学的文書や法律文書で用いられる cause 使役受身が用いられているためだと考えられます。そして、(12a) の能動文と (12b) の受身文では、主語がどちらも人間なのに、前者が適格で後者が不適格であるという事実は、cause 使役受身文が、その能動文よりも一層、格式的な文体で用いられる堅い表現であることを示しています。これは、一般に受身文が、それに対応する能動文よりも有標の（marked）［特殊で稀な］構文であるためだと言えます。

(11b), (12b) の不適格文とは対照的に、次の (b) 文（実例を一部修正）はまったく適格です。

(13) a. *I was caused to jump **by a loud noise**. (=11b)
   b. **My client,** while clearing the rain gutter standing on a ladder, was caused to lose his balance and fall **by a sudden loud noise** that the defendant made with his trumpet.
   「私の依頼人は、はしごに登って雨どいをきれいにしていたとき、被告人が突然トランペットを吹いて出した大きな音でバランスを失い、落ちてしまいました。」

(14) a. *I was caused to lose my job by John. (=12b)
   b. As a further result of the negligence of Defendant Heyward, **Plaintiff Butler** was caused to lose time and wages from his employment, and will in the future continue to lose time and wages.
   「ヘイワード被告の過失のさらなる結果として、［仕事

中に怪我をして障害を負うことになった] バトラー原告は、雇用されて時間と賃金を失うことになり、将来にわたっても継続して時間と賃金を失うことになります。」

(13b), (14b) も主語が人間（依頼人、原告）ですが、これらが法律文書であることは自明で、何が被告人の行ないや過失によって引き起こされたかという、論理的、非感情的で、間接的な原因結果関係を述べています。法律文書ではこのように、原告や被告などが関わる原因結果関係が明示的に述べられるため、主語が人間でも構いません。

以上の考察をまとめ、cause 使役受身文の適格性に関して次の制約を立ててみましょう。

(15) **Cause 使役受身文に課される制約**：Cause 使役受身文は、法律文書や科学的文書など、堅い格式的な表現で用いられ、被使役主が顔と個性を持った人間ではなく、「何が何によって引き起こされたか」という、論理的、非感情的で（機械的で）、間接的な原因結果関係を述べる際に用いられる。

● **（1b),（2b) の不適格性の説明**

(15) の制約を踏まえて、本章冒頭で述べた Mittwoch（1990: 119）の例文（1a, b）（以下に再録）を見てみましょう。

(1) a. The inflation caused prices to rise.
b. * Prices **were caused** to rise（by the inflation）.

「物価の上昇が（インフレによって）引き起こされた。」

ネイティヴスピーカーによれば、(1a, b) の the inflation の the は不要とのことで、次のようにしますが、その適格性は (1a, b) と同様で、能動文は適格、受身文は不適格です。

(1)' a.　Inflation caused prices to rise.（【付記１】参照）
　　　b. * Prices **were caused** to rise（by inflation）.

(1b') では、物価の上昇を引き起こした原因のインフレが括弧に入っていますが、前節の (6b) で見たように、cause 使役受身文は、「何が<u>何によって</u>引き起こされたか」の間接的な原因結果関係を述べる表現なので、by inflation を除くことはできません。ただ、この by-phrase があっても、(1b') の受身文は不適格です。これはなぜでしょうか。それは、この文が、「物価の上昇がインフレによって引き起こされた」と述べていますが、インフレは、貨幣価値が下がり、物価が上がり続ける現象のことなので、この文はむしろ常識的で当然のことを述べており、物価の上昇が何によって起こったのかを述べる科学的、論理的記述の一部であると解釈されにくいためだと考えられます。つまり、(1b') は (15) の制約を満たしていないので、不適格だと考えられます。

ここで、ネイティヴスピーカーの中には、上で述べたように、インフレとはそもそも物価が上がり続ける現象なので、(1a') の能動文自体が不自然だと判断する人もいます。そのため、(1a') は例えば次のようにすると自然です。

(16) a.　Inflation **caused** pension payments to increase.
　　　　「インフレのため、年金支払金が上がった。」

    b. Inflation **causes** interest rates to rise.（実例）
       「インフレになると利率が上がる。」

ここで興味深いのは、(16a, b) の能動文はまったく自然な英語ですが、これらが受身文になると、次のように不適格になるという点です。

(17) a. * Pension payments **were caused to** increase by inflation.
     b. * Interest rates **are caused to** rise by inflation.

(17a, b) が不適格なのは、これらの文も (1b') と同様に短く、年金支払金の上昇が何によって起こったか、また、利率の上昇が何によって起こるかを述べる科学的、論理的記述の一部であると解釈されるのが難しいためだと考えられます（(17b) の不適格性はさらに、以下で述べる (2b) の不適格性と同様の要因が関わっていると考えられます）。
  (1b') や (17a, b) とは対照的に、次の受身文は適格です。

(18) a. Prices in Japan **were caused to** rise in recent months by a number of interrelated factors.
       「日本の物価のこの数ヶ月の上昇は、相互に関連するいくつかの要因によって引き起こされたものである。」
    b. The ball of mercury in the thermometer **is caused to** expand by a rise in temperature.（実例を一部修正）
       「温度計の水銀は、気温の上昇で膨張する。」

(18a, b) は、日本の物価の上昇や温度計の水銀の膨張が何によって引き起こされるかを述べており、(1b') や (17a, b) よりはる

かに科学的で堅い文体です。よって、(15)の制約を満たして適格と判断されます。

次に、Mittwoch (1990: 119) の提示する (2a, b)(以下に再録)を見てみましょう。

(2) a. Aspirin **causes** body temperature to drop.
　　b. * Body temperature **is caused to** drop by aspirin.

(2a, b) は、アスピリンと体温の原因結果関係(アスピリンが体温の低下を引き起こす)を述べており、文は短いですが、科学的な内容とみなせますから、(2b) の使役受身文は (15) の制約に違反しているとは考えられません。それにもかかわらず、(2b) が不適格なのはなぜでしょうか。

(2a) の能動文は、主語の aspirin が主題で、アスピリンのいろいろな特質を述べている記述の一部であると解釈されます。つまり、アスピリンの特質のひとつは、体温の低下を引き起こすことであると述べています。同様に (2b) の受身文は、主語の「体温」の特質について述べており、「体温とは、アスピリンで引き下げられるものだ」と述べています。しかし、体温を下げるものは、アスピリン以外にもアイビュープロフェン系薬品など、いろいろあるので、(2b) は、事実に合わない不自然な文、不完全な文と判断されます。したがって (2b) の不適格性は、これまで述べてきたような理由ではなく、「体温とはアスピリンで低下するものだ」と述べていることが、私たちの社会常識に反しているためだと考えられます。((17b) でも、「利率とは、インフレで上がるものだ」と述べていますが、利率の上昇は他の要因によっても起こるため、この文は事実に合わない不自然な文と判断されます。)

不適格文 (2b) は、たとえば次のようにすると適格文になりま

す。

(19) a. Body temperature **is caused to** drop by medications which decrease the sedimentation rate in the blood.
「体温の低下は、血沈速度を下げる薬により引き起こされる。」

b. The patient's body temperature **was caused to** drop by an accidental combination of a low calorie intake and a massive overdose of hypnotics.（【付記2】参照）
「患者の体温の低下は、カロリーの摂取不足と睡眠薬の飲み過ぎがたまたま重なったことで起きた。」

(19a, b) は、医学的、科学的な内容の堅い文体であり、体温の低下が何によって引き起こされる／引き起こされたかに関する論理的、非感情的で間接的な原因結果関係を述べています。さらに (19a) は、体温がどんな薬で引き下げられるかを述べており、血沈速度を下げる薬はたくさんありますから、(2b) の「体温を下げるのはアスピリン_だけだ_」というような事実に反する事柄を述べたりはしていません。よって (19a, b) は、(15) の制約を満たして適格であると説明できます。

● (3) - (5) の説明

それではここで、本章冒頭で見た次の適格な cause 使役受身文を見てみましょう。

(3) a. In a concert and sound installation, twenty mobile phones were suspended from a ceiling. **These were caused to ring**

by a live performer, who dialed them up using another four phones below.

b. The coroner's jury ruled the late James Tanner died from a fracture of the skull caused by his being thrown out of a wagon while the horse of said wagon was running away, and that **said horse was caused to run away** willfully and maliciously **by two persons unknown to this jury**.
(法律文書)

(3a) では、天井から吊り下げられた 20 の携帯電話が鳴り響くようになったのは、演奏者がその携帯電話を直接操作して鳴り響くようにしたのではなく、別の 4 つの電話を操作して、間接的に引き起こされたものだと述べられています。つまり、ここでは論理的、非感情的で間接的な原因結果関係が述べられており、その分、科学的な内容と文体であるとみなすことができます。一方(3b)は、法律文書であることが自明で、問題となっている馬が逃げ出したのは、二人組によって故意に引き起こされたのだという原因結果関係を述べています。よって、これらの文は（15）の制約を満たして適格であると説明できます。

次に（4a, b）（以下に再録）を見てみましょう。

(4) a. **Our client was caused to fall** from an unsafe scaffold to the ground causing serious injuries.（法律文書）

b. A New York County Jury awarded a plaintiff $725,000 when **he was caused to slip and fall** on grease coming from a clogged catch-basin that was negligently repaired by the City of New York.（法律文書）

(4a, b) は法律文書で、使役主が by 句によって明記されていませんが、先行文脈からそれが被告人であることは明らかです。(4a) では、依頼人が建築現場の足場から転落したのは、被告人の工事請負業者が依頼人にそんな危険な場所で仕事をさせたために引き起こされたのだと述べています。また (4b) でも、原告の転倒は、ニューヨーク市当局の下水管のごみ受け(排水枡(ます))修理のずさんさがもとで引き起こされたのだと述べています。よって (4a, b) も (15) の制約を満たしており、適格であると説明できます。

最後に (5a, b)(以下に再録)を見てください。

(5) a. On one occasion, **an electrically-driven wheelchair was caused to move unintentionally by the communication radio in a taxi**.
   b. The surface under examination was coated with a lacquer, and after drying, **the sample was caused to vibrate by the tap of a hammer**.

(5a) では、電動の車椅子が動いたのは、タクシーの運転手がその車椅子を直接動かしたのではなく、運転手はタクシー内で車椅子とは関係のない通話を無線機でしており、その無線機のせいで動いたのだという、間接的で論理的、非感情的な原因結果関係が述べられています。つまり、(5a) は (3a) と類似しており(使役主の意図性は異なりますが)、(15) の制約を満たしているので、適格であると言えます。一方 (5b) は、科学的な内容の書き物で、サンプルの振動がハンマーで軽く叩いたことで引き起こされたのだという原因結果関係を述べています。よって、この文も (15) の制約を満たしており適格です。

第9章 Cause 使役文とその受身文（2） 185

● **さらなる例の観察**

さらに次のような cause 使役受身文（いずれも実例）を見てみましょう。

(20) a. The requirements of §523(a)(2)(B) are met if **the existence of a written statement was caused to be prepared by the defendant.**（法律文書）
「523(a)(2)(B) 項の要件は、文書（の存在）が被告人によって準備されたものであれば満たされる。」

b. **A 37-year-old mother of twins was caused to lose a massive amount of blood** and died after hospital staff failed to take an appropriate treatment after a Caesarean section.（法律文書、一部改変）
「双子を出産した37歳の母親が、帝王切開のあと、病院のスタッフが適切な処置をしなかったために、大量出血して死亡した。」

c. $120,000.00 for a St. Charles County man who was involved in a motor vehicle accident when **his vehicle was caused to overturn by an uninsured motorist** causing a fracture to his spine.（実例）
「自動車事故に巻き込まれたセイント・チャールズ郡の男に12万ドルの賠償金を裁定—その男の車は、無保険の自動車の運転手によってひっくり返され、その男は脊柱骨折。」

(20a-c) はいずれも法律文書で、(20a) では、文書が被告人によって準備され作成されねばならないという、文書と被告人の原因結

果関係が述べられており、(20b) では、母親の死は、病院のスタッフが適切な処置をしなかったために引き起こされたのだという原因結果関係を述べています。また (20c) では、話題となっている男の車がひっくり返ったのは、保険をかけていない運転手によって引き起こされたのだという原因結果関係を述べています。よって、これらの文は (15) の制約を満たして適格です。

● 結び

本章ではまず、cause 使役文が受身にはならないという、『フェイバリット英和辞典』の記述や Mittwoch (1990) の主張に対し、cause 使役受身文の実例が多数あることを示して、このような記述や主張が妥当でないことを示しました。そして次に、cause 使役受身文は、被使役主が人間ではなく、「何が何によって引き起こされたか」という、論理的、非感情的で間接的な原因結果関係を述べるのに適した構文であることを示し、科学的文書や法律文書のような堅い文語表現に用いられることを示しました。そしてさらに、cause 使役受身文は、それに対応する能動文よりも一層、格式的な文体で用いられる表現であることも示して、次の制約を提出しました。

(15) **Cause 使役受身文に課される制約**：Cause 使役受身文は、法律文書や科学的文書など、堅い格式的な表現で用いられ、被使役主が顔と個性を持った人間ではなく、「何が何によって引き起こされたか」という、論理的、非感情的で（機械的で）、間接的な原因結果関係を述べる際に用いられる。

そしてこの制約により、本章で提示した（2b）以外の cause 使役受身文の適格性がすべて説明できることを示し、（2b）（=*Body temperature is caused to drop by aspirin.）の不適格性は、この制約とは無関係で、体温を下げるものはアスピリン以外にもたくさんあるという社会常識に起因していることを示しました。

付記・参考文献

【第1章】
【付記1】「自発」には、「自分から進んで物事を行なうこと」という意味と、文法用語としての「そうしようとは思わないのに、自然にそうなる／自然に起こる」という意味の2つがあります。本章で用いる「自発」の意味は、もちろん、後者です。

【付記2】 (4a) は、trip を他動詞として用い、次のように表現することもできます。
　(i)　　John **tripped** Sue by sticking his leg out into the aisle.
ただ、この他動詞文は、(4a) の make 使役文と異なり、ジョンが意図的に足を通路に突き出して、スーをつまずかせたという解釈しかありません。

【付記3】 (5d) では、第1文の単数名詞 someone が、第2文で意味的に「単数」の they で受けてあることに注意してください。He で受けると、「男性優位」の一種の差別表現と考えられてしまい、He/She や He or she だと煩雑なため、近年では they が用いられるようになってきました。次の Huddleston and Pullum (2005: 104) の例も参照してください（また、久野・高見 (2009)『謎解きの英文法―単数か 複数か』p. 119, 192 も参照）。
　(i)　a.　You should ask **your partner** what **they** like.
　　　b.　**The person I was with** said **they** hated the film.

【付記4】 (7a) はまったく適格な文ですが、一般に学校は、生徒に胸のレントゲン写真を撮るよう規定していますから、学校と

生徒側との関係により、レントゲン写真を撮るのは、「強制」してというより、「指示」してそれに従う事柄です。したがって、本章冒頭の (1) で述べたように、次のように have を用いる方がより自然に感じられると判断する母語話者も多くいます。

 (i) The school **had** all the students get chest X-rays.

【付記5】　私たちは (9a-c)（(9a) を以下に再録）を非典型的な強制使役の例としてあげました。

 (9) a. This scandal **made** him resign from Congress.

なぜなら、(9a) では、彼が議員を辞職することは、自らコントロールできる行為であるものの、彼はそうすることに抵抗があり、それを強制的に引き起こした使役主は、〈人間〉ではなく、this scandal という〈無生物〉だからでした。しかし、このような文は、「このスキャンダルが原因となって、彼が議員を辞職するという事態が自然に、必然的に発生した」という、非典型的な自発使役と解釈することもできるように思われます。したがって、このような例は、強制使役と自発使役を明確に区別するのが難しい場合が多くあるという本章の主張をさらに裏づけることになります。

【第2章】

【付記1】　He made her more cautious. を不適格と判断するスピーカーが数多くいますが、この文は適格文です。どうしてそのような判断をするスピーカーがいるかの種明かしは、本章の終わりまでお待ちください。

【付記2】　米国の歌手ボビー・マクファーリンの "Don't Worry, Be Happy" という 1988 年の大ヒット曲をご存知の読者がおられ

ることと思います。この歌のタイトルに用いられている Be Happy は、それに先行する Don't worry と同様、明らかに、命令文です。我々のネイティヴスピーカー・コンサルタントたちが (6b) を不適格と判断するということは、彼らの日常英語では、happy がまだ +self-controllable にはなっていないことを示しているように思われます。

【付記3】 Careful, cautious は +self-controllable ですが、興味深いことに、日本語に訳すとこれらの単語に近い意味（「油断のない、用心深い」）の alert は、人の恒常的性格を表わす –self-controllable の形容詞です。したがって、我々のネイティヴスピーカー・コンサルタントたちは、次の文を不適格と判断します。
　（i）　　　*He made her **be** more alert.

【付記4】 どうして［人間 主語.Make. 人間 目的語.C］パターンの C に +self-controllable の形容詞句が「魔術的状態変化誘起」解釈で許されないのか、定かでありません。他方、どうして［人間 主語.Make. 人間 目的語.C］パターンが +self-controllable の C をとって、［人間 主語.Make. 人間 目的語.Be.C］と同じ言語的強制使役を表わすことを許されないのかは、類似した構文の意味領域の重複を避けるという経済原則に起因するものと推察できます。

【付記5】 (11b) は、最初の文以外は、次節で考察する「自発使役解釈」の文としての読みの方が強いようです。

【第3章】
【付記1】 『ジーニアス英和辞典』（第4版、2006）の (1b) (=

× The sea was made to glisten by the sun.) の例文は、Babcock（1972: 32）で最初に言及されたものだと思われます。Babcock は、適格な受身文 John was made to do his homework. と不適格な *The sea was made to glisten by the sun. を示し、本文で述べたように、強制使役は受身文になるが、自発使役は受身文にならないと述べています。

【付記2】 久野・高見（2013）『謎解きの英文法―時の表現』の第1章で記述したように、状態動詞の現在形は現在の状態を表わし、動作動詞の現在形は、未来の動作を表わします。

(i) 状態動詞：I like Hanako.（現在時）

　　　　　　Taro understands French.（現在時）

(ii) 動作動詞：He leaves for London tomorrow.（未来時）

　　　　　　Taro graduates from college next year.（未来時）

動作動詞が習慣的動作、繰り返し行なわれる動作を表わす場合には、その現在形が、現在時を指します。

(iii) 動作動詞の現在形が習慣的動作、繰り返し行なわれる動作を表わす場合

　　　　　　I take a nap after lunch.（現在時）

　　　　　　It snows a lot here.（現在時）

(i) と (iii) から、習慣的動作、繰り返し行なわれる動作を表わす動作動詞は、状態動詞と共通の特性、すなわち状態性を持っていることが分かります。

日本語でも、同じ現象が見られます。

(iv) 状態動詞：私はお金が要る。（現在時）

　　　　　　太郎はフランス語が分かる。（現在時）

(v) 動作動詞：太郎は明日ロンドンへ出発する。（未来時）

　　　　　　太郎は来年大学を卒業する。（未来時）

(vi) 動作動詞の現在形が習慣的動作、繰り返し行なわれる動作を表わす場合

　　　　　私は毎朝ジョギングする。(現在時)

(iv) と (vi) から、日本語でも、習慣的動作、繰り返し行なわれる動作を表わす動作動詞は、状態動詞と共通の特性、すなわち状態性を持っていることが分かります。

さらに、日本語には、主語が「ガ」を伴う文の述語動詞が状態動詞と動作動詞の場合で、次のような解釈の相違が生じます。

(vii) 状態動詞：太郎がお金が要る。(「お金が要るのは太郎(だけ)だ」の解釈が義務的)

(viii) 動作動詞：明日太郎が来る。(「明日来るのは太郎(だけ)だ」の解釈が義務的でない)

(viii) は、単に明日太郎が来ることを述べる記述文と解釈することができますが、(vii) は、そのような解釈ができません。同様、動作動詞が習慣的動作、繰り返し行なわれる動作を表わす場合には、(vii) と同じように、「～するのは X (だけ) だ」の解釈しかできません。

(ix) 動作動詞の現在形が習慣的動作、繰り返し行なわれる動作を表わす場合

　　　　　太郎が毎日ジョギングする。(現在時)

以上の考察から習慣的動作、繰り返し行なわれる動作を表わす動作動詞は、英語でも日本語でも、状態動詞表現とみなすことができます。

【付記3】 (21a-c) の受身文に対応する能動文は、たとえば次のようになります。

(i) a. I can house twenty people in this cabin. (主語の I は、たとえばこのキャビンの経営者)

b. They found John walking in the park every morning.

c. John opened the door with the key.

【コラム1】

【付記1】 *Oxford English Dictionary* は、「古今東西の英語の文献に現われたすべての語彙について、語形とその変化・語彙・文献初出年代・文献上の用例の列挙・厳密な語義区分とその変化に関する最も包括的な記述を行なうことをその特徴とし、ギネス・ワールド・レコーズによれば、約600,000語を収め、世界で最も包括的な単一の言語による辞書刊行物です（Wikipedia「オックスフォード英語辞典」から）。

【付記2】 墨子は孔子（紀元前552年—紀元前479年）のあとに現われ、孟子（紀元前372年？—紀元前289年）の前に現われた中国戦国時代の思想家。一切の差別が無い博愛主義（兼愛）を説いて全国を遊説した。いわゆる墨子十大主張を主に説いたことで世に知られている（Wikipedia「墨子」から）。

【付記3】 Keith Ray, The Origin of Kites. *China Eye Magazine*, The Society for Anglo-Chinese Understanding, 2004 から引用。

【付記4】 公輸盤は、宋を攻めて併合することを望んだ楚王のために新兵器雲梯（攻城用のはしご）を発明したことで名を知られている伝説的な名エンジニアです。それを知った墨子が宋を攻めないように楚王を説得して、攻撃をあきらめさせたと伝えられています。

【第4章】

【付記】 ウェブ上では、make X die の文パターンとして、次のような例も見られます。

(i) a. Kiss the Girls and **Make Them Die**

("Law and Order" という名前のテレビ番組で放映されたエピソードのタイトル／Charles W. Runyan の 1977 年の本のタイトル／Soul Merchants（音楽グループ）の歌のタイトル）

b. How do I **make my partner die**? / How do I **make an enemy die**?

（コンピューター・ゲームについての質問）

ただ、これらの文は、確かに make X die パターンをとっていますが、次の点で本文で問題にしている例とは違っています。(ia) は、本文（4c）の "Kiss the Girls and Make Them Cry" を元にして、ミステリー作家が cry と die が韻を踏んでいることなどを利用して、cry の代わりに die を入れて使用し、それがインターネット等を通じて広がった表現です。そのため、広く使われてはいますが、この文自体は、英語として自然なものではありません。(ib) は、目的語の my partner や an enemy が、現実の人間ではなく、ゲームのキャラクターで、そのキャラクターを殺す／倒すのはどうすればいいかと質問しています。人間は死ぬと生き返ることはありませんが、ゲームのキャラクターはそうではありませんから、この文の die は、「死ぬ」というより、「倒れる、消える、いなくなる」というような意味を表わすと言えます。

【第5章】

【付記1】 (2a) の stand up は語彙的使役動詞で、「〈人を〉立たせる」という意味ですが、stand up が語彙的使役動詞として用い

られる場合、このような文字通りの意味ではなく、口語表現で、次のように「デートの相手に待ちぼうけを食わせる」という意味で用いられることがよくあります。

(i) I was supposed to go to a concert with Kyle on Friday, but he **stood me up**. (*Longman Dictionary of Contemporary English*)

「私は、金曜日にカイルとコンサートに行くことになっていたが、彼は私に待ちぼうけを食わせた。」

語彙的使役動詞の stand up は、(i) の意味で用いられる方が、「〈人を〉立たせる」という意味で用いられるより、はるかに頻繁です。

【付記2】 ここで、(2b) (=John made the child stand up.), (3) (=John had/let the child stand up.), (4b) (=The nurse had the patient sit up.) のような迂言的使役文を見ると、子供や患者が自らの力で立ったり、座ったりしているので、迂言的使役文の使役内容は、被使役主が自らの力で行なう行為でなければならないと思われるかもしれません。しかし、前章ですでに考察したように、迂言的使役文自体には、そのような制限はありません。この点は、次の実例のように、使役内容が被使役主のコントロールの外にある（非意図的な）行為であってもまったく問題ないことから明らかです（さらに前章の (3a, b), (4a-c), (6a-c), (7a, b) も参照）。

(i) a. When Henry was a young man, he made all the ladies **blush**.

「ヘンリーは若かった頃、ご婦人方すべてを赤面させた。」

b. He made her **shiver** as his eyes caught hers and wouldn't let her go.

「彼の目が彼女の目をとらえ、彼女に行かそうとしなかったとき、彼のその態度は彼女を（恐怖で）震えさ

せた。」

   c. She made him **cry** with joy.
　　　「彼女は彼を嬉し泣きさせた。」

【付記3】 ここで、(6a)（=The driver **stopped** the car.）の語彙的使役と(6b)（=The driver **made** the car **stop**.）の迂言的使役が表わす意味に関して、若干の補足をしておきます。(6a) は、この文だけが示されると、本文で述べたように、ドライバーが足ブレーキを踏んで車を普通に止めたと解釈されますが、次のような文脈が与えられると、太字で示されたような表現があるために、stop が、直接的方法で車を止めたのか、間接的方法で止めたのかについて、中立的な意味を表わすことが許され、結果として、サイドブレーキなどを使い、特別な努力をして車を止めたという意味合いが生じます。

(i) a. The driver **finally** stopped the car.
    b. **With a great deal of effort**, the driver stopped the car.
(ii) a. I stopped the car **by pulling on the emergency brake**.（実例）
　　　「私はサイドブレーキを強く引いて車を止めた。」
    b. I was very scared. Brakes would not work. I stopped the car **by changing gears to neutral**.（実例）
　　　「私は怖かった。ブレーキが効かなかった。それでギアをニュートラルに入れて車を止めた。」

これに対して (6b) の迂言的使役は、ドライバーが足ブレーキを踏んで普通に車を止めたという、(6a) の語彙的使役が持つ意味を表わすことができず、特別な努力をして間接的に車を止めたという意味のみを表わします。したがって、次のような文は、主節が表わす意味と後半の by 以下が表わす意味が矛盾しており、

不適格と判断されます。

(iii) * The driver **made** the car **stop** by just stepping on the brakes.

【付記4】 (6a) (=The driver **stopped** the car.) の語彙的使役と (6b) (=The driver **made** the car **stop**.) の迂言的使役に関して、(6a) の語彙的使役は、付記3の (ia, b)、(iia, b) のような文脈だと、(6b) の迂言的使役が表わす意味も示すことができるのに対し、(6b) の迂言的使役は、(6a) の語彙的使役が一般に表わす意味を表わせないことを述べましたが、同じことが、ここでの (9a) と (9b)、および (10a) と (10b) についても言えます。

【付記5】 「寝る」は母音語幹の動詞ですが、「書く」、「切る」、「読む」のような子音語幹 (kak-, kir-, yom-) の動詞に使役助動詞 -saseru がつくと、形態素境界線をはさんで子音が2つ現われることになります。その場合、2番目の子音が省略されるという日本語の一般規則によって、-saseru が -aseru になり、kak-aseru, kir-aseru, yom-aseru「書かせる、切らせる、読ませる」という迂言的使役動詞が形成されます。

【第6章】

【付記1】 日本語の使役他動詞も、目的語と対応する自動詞が表わす命題を含意とします。

(i) *太郎は車を止めたが、車は止まらなかった。

【付記2】 ただし、(14), (15a, b) のような文の頻度数は極めて僅少ですから、言語統計に基づき、英語学習者用の辞書であることを目的とした *Collins Cobuild* については、この間違いは、許容されるべきものであるかもしれません。また、『ジーニアス英和

辞典』も学習辞典ですから、実用的考慮から、簡略訳語を付したものと考えれば、同様に許容されるべきものかもしれません。

【付記3】　なお、Longman には、*Longman Dictionary of Contemporary English* と併行して米語辞書のシリーズもありますが、*Longman Dictionary of American English*（第2版、1997）の persuade の定義は（i）のように正しい定義になっており、*Longman Advanced American Dictionary*（2000）の定義も、本文で示した *Longman Dictionary of Contemporary English* の第3版以降の定義と同じで、正しい定義になっています。

(i)　　**to make someone decide to do something** by giving good reasons

【付記4】　『ジーニアス英和（大）辞典』は、persuade も、"SVO into doing" 構文に用いられると記述していますが、私たちのネイティヴスピーカー・コンサルタントを含む母語話者4名は、次のような文を、不適格だと判断します。

(i)　　＊She persuaded him into breaking up with me.

【第7章】

【付記1】　Swan（2005: 35）は、let が受身になれるのは、let が（副詞的）不変化詞の in や down と共起している場合だけであると述べて、次の（ia, b）の例をあげています（(ic) は、政村（2013）「イメージでつかむ英単語」(8), *Asahi Weekly* より）

(i)　a.　She wouldn't **let** me **in**.［能動文］
　　　　「彼女は私を中に入れようとしないだろう。」
　　b.　I've **been let down**.［受身文］
　　　　「私はずっとがっかりさせられている。」

   c. You need to show your ID to the security guard to **be let in**. ［受身文］
　　「構内に入れてもらうには警備員に身分証明書の提示が必要です。」

しかし、Swan (2005) には書いてありませんが、let は次のように形容詞と共起する場合にも受身形になれます。

(ii) a. But once the economy recovers, GM [General Motors] must **be let loose** from federal strings.
　　「しかし経済が回復すれば、ゼネラルモーターズは連邦政府のコントロールから解放されなければならない。」

   b. A dog like this must **be let free** on the outside of a dog-proof pen full of sheep and allowed to build confidence at its own pace.
　　「このような犬は、犬の入れない羊でいっぱいの囲いの外で放し飼いにされて、自分のペースで自信をつけるようにされなければならない。」

   c. To 'air' the room, the windows in the room must **be let open** to circulate the air before the housekeeping declares the room is ready.
　　「部屋を換気するために、清掃係りが部屋の準備の終了を宣言する前に、空気を循環させるために部屋の窓全部を開いたままにしておかなければならない。」

【付記2】　dry や set を用いた (13a, b)、および lapse を用いた (13d) との類例を以下に示しておきます（いずれも実例）。

(i) a. The agar **was let solidify** at room temperature.
　　「寒天は室温で固まらせた。」

b. The medium **was let harden** for 5-10 minutes.
   「媒体は固まるまで、5分から10分置いておかれた。」
   c. A truce **was let lapse**, some rockets were fired.
   「休戦が期限切れとなり、ミサイルが発射された。」
   d. His contract **was let run out**.
   「彼の契約は期限切れとなった。」

【付記3】 言語学では、主語の非意図的事象を表わす自動詞は「非対格動詞」、一方、主語の意図的行為を表わす自動詞は「非能格動詞」と呼ばれています。

【付記4】 (12f) の lie と同様の表現ですが、次の sit を用いた受身文も同じように説明できます。
   (i)   The liquid was then poured over the bread, the bread was pushed down with a spoon, and it **was let sit** for a half hour.
         「それからその液体がパンの上にかけられ、パンはスプーンで押しつぶされ、そして30分間置いたままにされた。」

【付記5】 小西（編）(1980: 36) では、(18a) の能動文や (18b) の be allowed to を用いた受身文では、縮約形の can't が使われていますが、(18b) の let 使役受身文では、縮約形ではなく、cannot と書かれています。両者でなぜこのように違っているのか理由は分かりませんが、不要な混乱を避けるため、ここでは縮約形の can't で統一しておきます。また、(18b) は、Hornby (1956) からの引用であると示されています。

【コラム3】

【付記1】 目的語が〈無生物〉でも、使役内容（「let の目的語＋動詞句」が表わす意味）が、次のように、使役主（主語）の許容・許可によって生じる場合は、「許容・許可」の意味も可能です（第7章の (2a, b) を参照）。

(i) a. The chair **let** this topic **be brought up** for discussion.
(＝第7章の (2a))
「議長は、この話題を討議するために取り上げることを許可した。」

b. The chair **let** the nomination **come up** for an up or down vote.
「議長は、その指名を信任投票にかけることを許可した。」

これらの文が適格なのは、無生物の the topic や the nomination の背後に、それを推進している議員や党があるからだと思われます。

【付記2】 Let it go の it は、すでに述べたように、エルサが自分の魔力を隠そうとしたり、そのせいで彼女がこれまで経験してきた苦悩や恐怖を指していますが、Can't hold it back（「それを押さえることはできない」）の it は、エルサが持っている魔力を指しています。そうすると、連続した2文のそれぞれで用いられている it の指すものが違っていることになり、不自然だと思われるかもしれません。私たちもこの点が気になり、この解釈に関して多くのネイティヴスピーカーに尋ねてみました。すると、歌や詩などでは、連続した it の指し示すものが異なることはよくあるというのが、ネイティヴスピーカーの意見でした。

【第8章】

【付記1】 Cause 使役文に関する同様の記述が、『ユースプログレッシブ英和辞典』(初版 (2004) 小学館、p. 303) や Goldsmith (1984: 118-119) 等にも見られます。

【付記2】 『ジーニアス英和辞典』は、(1) の最後の文 Her behavior **caused** me to laugh. に関して、その直後で「Her behavior **made** me laugh. がふつう」と述べています。また、make の使役用法のところで、The pill **made** him sleep. や Her jokes **made** us all laugh. の例をあげています。これらの make 使役文は、主語がすべて無生物で、その主語の非意図的、無意識的な使役を表わしているので、(1) の「make が意識的な使役を表す」という記述は、これらの例文と矛盾することになります。

【付記3】 ただ、統計的に言うと、cause 使役文は、主語の使役主が無生物で、その無生物が原因となって使役内容が引き起こされる非意図的使役を表わす場合が多く見られます (Hollmann (2003, 2005) 参照)。グーグルで検索し、任意抽出した 100 例を調べてみると、無生物主語の例が 88 例、人間が主語の例が 12 例でした。

【付記4】 (15a) では、plaintiff, defendant に定冠詞の the がついていませんが、法律文書ではむしろこのような言い方が一般的です。ここで、もし (15a) の cause を make に代えると、the が必要になります。

【付記5】 読者のみなさんもお気づきのことと思いますが、この文の主文の was caused to assume a uniform spherical shape は、(5)

に示した [cause+ 名 +to do] は受身にならない、という『フェイバリット英和辞典』の主張の反例です。次章を参照ください。

【付記6】 Cause 使役文は、使役内容が被使役主等にとって社会常識上、好ましくない事象を表わす場合が多く、たとえば *Longman Advanced American Dictionary* の動詞 cause の定義（p. 210）には、'to make something happen, **especially something bad**' とあります。しかし、(21d, e)（や以下の本文の (25b)）など、そうでない場合もありますから、このような価値判断は、cause 使役文自体には存在しません。

【第9章】

【付記1】 ネイティヴスピーカーによれば、過去形の動詞 caused は、現在形にして次のようにした方が、インフレがどういうものであるかの記述となり、自然だとのことです。

 (i) Inflation **causes** prices to rise (rapidly).

実際、グーグルで Inflation **causes** prices to rise. を検索してみると 10,300 例ありましたが、Inflation **caused** prices to rise. だと、450 例で、約23分の1でした。

【付記2】 例文 (19b) は、真野泰氏（個人談話）に負っています。

【参考文献】

- Babcock, Sandra (1972) "Paraphrastic Causatives." *Foundations of Language* 8, 30-43.
- Biber, Douglas, Stig Johanson, Geoffrey Leech, Susan Conrad and Edward Finegan (1999) *Longman Grammar of Spoken and Written English*. London: Longman.
- Close, R. A. (1975) *A Reference Grammar for Students of English*. London: Longman.
- *Collins COBUILD English Usage* (2004) Second Edition. HarperCollins Publishers.
- Declerck, Renaat (1999) *A Comprehensive Descriptive Grammar of English*. Tokyo: Kaitakusha.
- Eastwood, John (1994) *Oxford Guide to English Grammar*. Oxford: Oxford University Press.
- Givón, Talmy (1975) "Cause and Control: On the Semantics of Interpersonal Manipulation." In John Kimball (ed.) *Syntax and Semantics* 4, 59-89. New York: Academic Press.
- Goldsmith, John (1984) "Causative Verbs in English." *CLS* 20, Part 2, *The Papers from the Parasession on Lexical Semantics*, 117-130.
- Hofmann, Thomas R.・影山太郎 (1986) *10 Voyages in the Realms of Meaning*『10日間意味旅行』くろしお出版。
- Hollmann, Willem (2003) *Synchrony and Diachrony of English Periphrastic Causatives: A Cognitive Perspective*. PhD dissertation, University of Manchester.
- Hollmann, Willem (2005) "Passivisability of English Periphrastic Causatives." In Stefan Th. Gries and Anatol Stefanowitsch (eds.), *Corpora in Cognitive Linguistics: Corpus-based Approaches to*

Syntax and Lexis, 193-223. Berlin: Mouton de Gruyter.

☆ Hornby, Albert S.（1956）*A Guide to Patterns and Usage in English*. Tokyo: Kenkyusha.

☆ Huddleston, Rodney and Geoffrey K. Pullum（2005）*A Student's Introduction to English Grammar*. Cambridge: Cambridge University Press.

☆ 池上嘉彦（1981）『「する」と「なる」の言語学―言語と文化のタイポロジーへの試論』大修館書店。

☆ 池上嘉彦（1995）『〈英文法〉を考える―〈文法〉と〈コミュニケーション〉の間』筑摩書房。

☆ 小西友七（編）（1980）『英語基本動詞辞典』研究社出版。

☆ 小西友七（編）（2006）『現代英語語法辞典』三省堂。

☆ 久野暲・高見健一（2005）『謎解きの英文法―文の意味』くろしお出版。

☆ 久野暲・高見健一（2007）『英語の構文とその意味―生成文法と機能的構文論』開拓社。

☆ 久野暲・高見健一（2007）『謎解きの英文法―否定』くろしお出版。

☆ 久野暲・高見健一（2009）『謎解きの英文法―単数か複数か』くろしお出版。

☆ 久野暲・高見健一（2013）『謎解きの英文法―時の表現』くろしお出版。

☆ Leech, Geoffrey（2004）*Meaning and the English Verb*.（Third Edition）London: Longman.

☆ Mittwoch, Anita（1990）"On the Distribution of Bare Infinitive Complements in English." *Journal of Linguistics* 26, 103-131.

☆ Palmer, Frank R.（1987）*The English Verb*. London: Longman.

☆ Quirk, Randolph, Sidney Greenbaum, Geoffrey Leech and Jan

Svartvik (1985) *A Comprehensive Grammar of the English Language*. London: Longman.

☆ Swan, Michael (2005) *Practical English Usage*. Oxford: Oxford University Press.

☆ 高見健一 (2011)『受身と使役―その意味規則を探る』開拓社。

[著者紹介]

久野 暲(くの・すすむ)
1964年にハーバード大学言語学科Ph.D.を取得し、同学科で40年間教鞭をとる。現在、ハーバード大学名誉教授。主な著作に『日本文法研究』(大修館書店、1973)、『談話の文法』(大修館書店、1978)、『新日本文法研究』(大修館書店、1983)、Functional Syntax (University of Chicago Press, 1987) などがある。

高見 健一(たかみ・けんいち)
1990年に東京都立大学文学博士号を取得し、静岡大学、東京都立大学を経て、現在、学習院大学文学部教授。主な著作に Preposition Stranding (Mouton de Gruyter, 1992)、『機能的構文論による日英語比較』(くろしお出版、1995)、『日英語の機能的構文分析』(鳳書房、2001) などがある。

なお、二人の共著による主な著作に Grammar and Discourse Principles (University of Chicago Press, 1993)、『日英語の自動詞構文』(研究社、2002)、Quantifier Scope (くろしお出版、2002)、Functional Constraints in Grammar (John Benjamins, 2004)、『日本語機能的構文研究』(大修館書店、2006)、『英語の構文とその意味』(開拓社、2007)、『日本語構文の意味と機能を探る』(くろしお出版、2014) などがある。

謎解きの英文法　使役

発行	2014年10月27日　第1刷発行
著者	久野　暲・高見　健一
装丁	折原カズヒロ
イラスト	益田賢治
印刷所	藤原印刷株式会社
編集	岡野秀夫
発行所	株式会社　くろしお出版 〒113-0033 東京都文京区本郷 3-21-10 浅沼第二ビル 6F TEL 03-5684-3389　FAX 03-5684-4762 http://www.9640.jp/　e-mail:kurosio@9640.jp

© Susumu Kuno, Ken-ichi Takami 2014 Printed in Japan

ISBN978-4-87424-638-2 C1082

●乱丁・落丁はおとりかえいたします。本書の無断転用・複製を禁じます。

謎解きの英文法　久野暲・高見健一

謎解きの英文法　冠詞と名詞

本体 1,400 円＋税　192 頁
ISBN 9784874243015

"Several" と "a few"、どちらが大きな数を表せるか？　冠詞と名詞にかかわるさまざまな「謎」を著者と一緒に解くことで、その面白さや奥深さを再発見。

謎解きの英文法　文の意味

本体 1,500 円＋税　232 頁
ISBN 9784874243237

使役の have と get はこちら！

"I am liking you more and more." など、学校文法とは異なるネイティブの英語。進行形、受身文、使役文、二重目的語構文、強調構文などに焦点をあて英文法の謎を解く。

謎解きの英文法　否定

本体 1,500 円＋税　224 頁
ISBN 9784874243916

文否定と構成素否定、2重否定、部分否定と全体否定や "few", "much", "any", "barely", "only" などの否定表現に関する謎を解く。推理小説のような面白さ。

謎解きの英文法　単数か複数か

本体 1,500 円＋税　248 頁
ISBN 9784874244524

"glass", "team", "family" などの単数・複数の使い分けはどうすればよいか？　従来の文法説明と一線を画し、英語の単数、複数を根本から解き明かす。

謎解きの英文法　省略と倒置

本体 1,600 円＋税　260 頁
ISBN 9784874245897

「命令文で省略されている主語は You だけ？」「英語でも主語が省略されることがある？」省略と倒置を理解すると、複雑な構文がすっきり理解できる。

謎解きの英文法　時の表現

本体 1,500 円＋税　212 頁
ISBN 9784874245934

時の表現を網羅的にまとめ、現在形、過去形から、進行形、現在完了形などを解き明かす。マクドナルドの名コピー "I'm lovin' it." の文法構造も解説。